湛庐CHEERS

与最聪明的人共同进化

HERE COMES EVERYBODY

U0965763

WAY OF THE PEACEFUL WARRIOR

A Book that Changes Lives

深夜加油站遇见苏格拉底

珍藏版

—— 和平勇士之道 ——

[美] 丹·米尔曼（Dan Millman）◎著　韩良忆 ◎译

浙江人民出版社
ZHEJIANG PEOPLE'S PUBLISHING HOUSE

献给和平勇士。

他们当中的苏格拉底，

不过是闪烁的倒影，

既无名无姓，又拥有许多名字，

他是我们所有人的本源。

WAY OF THE PEACEFUL WARRIOR

• 推荐序 •

答案在风中

韩良露

世界上有一种阅读，在不同的时代有不同的化身。这种阅读是人类永恒的需要，因为它反映了人类心灵最深沉的探索——寻找活在这个世界上的意义和目的。

这种阅读都以英雄的冒险故事（SAGA）出现，因此不管是希腊时代荷马的《奥德赛》或中世纪的《亚瑟王与圆桌骑士》，还是这些年畅销全世界的《哈利·波特》及《魔戒》，都不只是关于英雄在现实世界的冒险，最重要的内容反而是英雄心灵成长的旅程。英雄之所以成为英雄，不在于他打败了多少外在的敌人，而是因为他最终战胜了自己。

在我青少年时期，赫尔曼·黑塞的《流浪者之歌》曾经是全世界不少年轻人的心灵圣经。长大后我在世界各地旅行时，发现每个年代的年轻人群体中都会出现那样几本书，这些书靠着年轻人的口耳相传成为畅销书，之后再成为经典。这些书都曾陪伴年轻人的心灵成长，教导他们如何面对世界。这些书最终的归属不会像这世界上的许多书籍一般，湮没于书架的尘埃之中，随着时间的流逝而被遗忘。这些心灵圣经永远在记忆的殿堂之中，祭放在独特的圣土之上。

20世纪80年代中期，那时我还在旧金山。经由加州大学伯克利分校友人的介绍，我读到了当年轰动全美、畅销百万册的《深夜加油站遇见苏格拉底》，这本书瞬间紧紧地抓住了我的心。作者丹·米尔曼是一个非常会说故事的人，在这本半自传体小说中，活灵活现地创造出三个让人一见难忘的角色，一位代表作者本人，同时也代表无数对世界感到迷惘的年轻心灵，渴望了解存在的终极意义；还有一位荒诞有趣却句句真言、灵光涌现的深夜加油站的老工人，作者昵称他为苏格拉底，视为上师；第三位是古灵精怪的女友乔伊，代表着作者失落了的另一半，是他的灵魂伴侣。

《深夜加油站遇见苏格拉底》给我带来十分愉悦的阅读体验，仿佛周围正在形成强大的气场，内在的能量开始沸腾，脑子也变得清明。尤其当书中的加油站工人苏格拉底提出独特的反问时，读者会不由自主跟随着叙述走，一起思考，一起展开对心灵的神秘探索。

作者之所以赋予他的心灵导师——加油站工人这一职业“苏格拉底”的外号，自有其喻义。加油站工人的工作很平凡，但为汽车加油却是非常重要的事。大家往往知道该为车子加油，却忘记自己的心灵如果不加油，也就不能跑了。许多人的心灵都有如停在身体停车场内忘了加油的报废车，但我们该如何为心灵加油呢？在《深夜加油站遇见苏格拉底》一书中，苏格拉底的教导方式不是告诉你该去做什么，他不是一位直接给答案的上师，而是让学生先察觉问题所在，懂得提出正确的问题，然后再自己去寻找答案。

书中苏格拉底的原型，当然是来自古希腊的圣哲苏格拉底。这位在雅典市集上到处问人问题的思考者，认为人生在世最重要的目的就是“认识自己”。“认识自己”是古希腊特尔斐的神谕，而在另一彼岸的印度，佛祖释迦牟尼提出的生命功课也是“自我觉察”，觉者即佛。

觉察什么呢？我们在书中看到这位身为奥运选手的叙述者，从永远计划着下一步要完成什么目标的人生观中放缓脚步，懂得在慢活的状态中觉察到什么是此时此地（here & now），渐渐学会了活在当下当刻。

但活在当下当刻，并非止水的状态，而是风动的现象。我最喜欢书中苏格拉底的身教常常以风为暗喻，宇宙风生水起，风向永远在变，能闻风起舞的人才懂得跳出曼妙之舞。

《深夜加油站遇见苏格拉底》曾给予过二十多岁的我生命的启示。如今重读，才发现这本书不只适合青年人读，更适合中年人读。青年人随风出征，中年人随风而立，老年人随风而逝。在不同的生命情境之中，阅读此书自有不同的心境与领悟。

答案在风中。

WAY OF THE PEACEFUL WARRIOR

•序•

一本改变生命的书

这本书曾触动无数读者的生命，也在我无从预料的各个方面，改变了我的生命。事情始于1966年，当时我就读于加州大学伯克利分校，一连串遭遇带着我跌跌撞撞走上了明暗不定、出乎意料的旅途。我的生活变成一场历险，和《爱丽丝梦游仙境》主人公的遭遇不无相似之处，爱丽丝一不小心跌进兔子洞，从此进入一个有着不同的现实与规则的天地。本书是自传体小说，真实和虚幻被揉为一体，以便提醒自己及读者，生命其实有更大的愿景，更多的可能性。

在本书所记述的事情过后，接下来的几年中我周游列国，同时深入心与灵最隐秘的角落。我想明白我究竟学到了什么，因而求拜数位师尊门下，潜心修习。在那段期间，我和妻子乔伊斯结婚成家，做过好几份差事，直到我找到使命所系，学到在大学和修行道场中都没有的课程。这使人谦卑的课程，只有在日常生活这所学校里才找得到。

我原本并不打算当作家或讲师，可是我有故事要讲，有学习心得要与人分享，因此我一路走一路学艺，需要做什么就去做什么。这本书花了十年工夫才成形，手稿完成后，我投给几家出版社，他们看也不看就退回。其中一封退稿信的信封上，用图章盖了一行字："本社仅收经纪人递送之稿件。"我查阅电话簿，找到旧金山的拉森波玛达经纪公司。经纪人迈克尔·拉森（Michael Larsen）和伊丽莎白·波玛达（Elizabeth Pomada）认为这本书颇有潜力，同意把稿子送出去。

1980 年，洛杉矶有家出版社提供了一个不高不低的稿酬，我接受了。我提交的第一稿属于非小说类的指南书，书中仅仅不经意地提到我和一位名叫苏格拉底的加油站老工人接触的经过，编辑请我多写一些我们相处的情形。接下来的三个星期，我埋头苦干，一天写上 18 ～ 20 个小时，有时大笑，有时大哭，在看似精神失常的状态中写完了这本书。

编辑选了个模棱两可但十分有趣的副书名："一个基本上真实的故事"，书店经营者却认为不好玩，因为他们不知道该把书归到哪一类，一些书店甚至干脆堆着不上架。第一版很快就魂归西天，版权归还给我，可是我的经纪人没有办法再替这本"铩羽的精装本"找到出版社。

其后三年，这本书困坐绝版书林，未得翻身。直到有一天，其中一本落到霍尔·克拉玛（Hal Kramer）的手上。克拉玛先生多年前创办天艺出版公司（Celestial Arts Publishing），1980 年出售该公司后宣告退休。1983 年，有位朋友送他这本书，霍尔大受启发，宣称："我要重返出版界，把这本书作为开山之作。"当年七十高龄的霍尔，向我坦言他一无宣传预算，二无人手，三无办公室，能给我的只有 100 美元的预付版税，外加对本书的信心。我们握手签约，我的出书历险记再度上路。

我把我收到的感谢信拿给霍尔看，这些信件数量多得令人惊奇。信中常常出现同样的句子：“我觉得你仿佛写到了我的内心深处……这本书好像是为我而写的……幸好我适时拜读大作。”不过最常出现的句子是：“这本书改变了我的生命。”于是霍尔说我们应该替这本书取个副书名，就叫“一本改变生命的书”。《深夜加油站遇见苏格拉底》至此自灰烬中浴火重生。不过，英国哲学家培根有云：“我们沿着蜿蜒的楼梯，爬到最高处。”我的出版商花了整整两年，才说动连锁书店在每家分店里摆上一册。然后，奇妙的事情发生了——口碑。

自 1980 年以来，我收到成千上万封读者来信。有位女士说，她的丈夫失业、酗酒，心情抑郁，成天赖在床上，难得起来。有位亲戚送给他一本我的书，他读了以后，起床，更衣，出门，找到一份差事，戒酒，开始学习武术。我在夏威夷一处加油站（说来还真巧）遇见一位少妇，她对我说：“要不是读了你的书，我早就死了，我的孩子也不会来到世上。”大多数的感言、故事和谢词并没有这么戏剧化，但同样鼓舞了我、激发了我，使我笔耕不辍。

本书发行平装本后，我用了五年时间致力于编写剧本，将我在书中的理念改编成电影传达出去。1990 年，我根据新近的学习心得，写了本姐妹篇。我亟须阐明、推广苏格拉底讲授的道理，以及我自己的生活体会，于是振笔疾书，直到今天。我写了一系列非文学类的指南书，透过每一本书，揭示和平勇士走向睿智、美好的生活之道。

有关本书，读者最常提出的问题不外乎：“故事有几分是真实的？真有苏格拉底这个人吗？他真有书中写的那些本领吗？”我往往回答：“苏格拉底绝对是真的，但丹·米尔曼是虚构人物。”说到底，是真是假，真的那么重要吗？说不定这会儿你明白了，苏格拉底也好，丹·米尔曼也好，通通无关紧要；我们不过是象征和路标罢了。重要的是，慈悲，仁爱，别太自以为了不起，要在稍纵即逝的每一刻清醒地享受生命的礼物。

本书在出版几十年后的现在，已成为出版界的一个奇迹。世界各地的读者透过 20 种语言读到这本书，并与亲友分享。这本书为许多人带来了希望、意义，使他们重新发现人生的目的。然而这本书只是人类旅程这部史诗的一个片段而已。

我如今已为人祖父，每当回想起当年那段岁月——既是年轻的蹦床选手，又是心灵的浪子，仍不禁莞尔。那些年，生命一步步为我揭示真相，我向外凝望这世界，照着镜子，看到改变居然如此之多，凡此种种都令我心存敬畏。迄今，我的脑袋仍在云层里，双脚却更坚定地植入坚实的大地中。这幅影像足以代表和平勇士之道，包含了肉体和灵魂、东方和西方、男女、内外、身心、黑暗和光明、鼓励和爱。我们都是和平勇士，是这条道路塑造了勇士。

各位旅伴，一路平安。

扫码下载“湛庐阅读”App，
搜索“深夜加油站遇见苏格拉底”，
用声音感受和平勇士的历练之旅。

WAY OF THE PEACEFUL WARRIOR

•目 录•

我耳鸣得厉害，接着又出现一种像是海浪拍岸的声音。我听见铃声响起，觉得头好像快爆炸了。就在这时，我看见了亮光，内心霎时涨满了明亮的光芒，我内在有什么正要消逝——我很确定——而另一种莫名的什么，则正在诞生！然后，亮光笼罩了一切。

楔子

彩虹末端的加油站

“新生活开始了。”我一面想，一面向爸妈挥手告别，驾着我那辆老归老却很可靠的“勇士”汽车启程。褪色的白色车身内，塞满了我为大学第一年所打包的家当。我觉得自己很坚强、独立，已准备好接受未来的一切。

随着电台传来的音乐，我边哼着歌边向北疾驶。越过洛杉矶的高速公路，然后上行，通过和 99 号公路连接的葛雷普凡区，沿着公路穿越绿野平畴。大片的原野一直伸展到圣盖博山脚。将近黄昏时，汽车穿过奥克兰丘陵，蜿蜒下坡，我看见闪闪发亮的旧金山湾。离加州大学伯克利分校校园越来越近，我的心情也越来越兴奋。

在宿舍卸下行李后，我隔窗凝视着金门大桥和在夜色中闪烁的灯火。五分钟以后，我走在街上，浏览橱窗，呼吸清新的北加州空气和随风飘来的咖啡香味，这一切都令我陶醉不已。我在风光秀美的校园小路上漫步，直到三更半夜。

第二天吃过早餐后，我来到哈蒙体育馆。一星期有六天我要在这里接受训练，每天汗流浃背地做四个小时肌肉伸展运动或空翻动作，追寻我的奥运冠军梦。

不久，我就被形形色色的人和一大堆报告、课程所淹没。如此日复一日，月复一月，时光悄悄流逝，缓缓递嬗，就像加州温和不变的四季。我的学业表现并不出众，但在体育馆则虎虎生风。有位朋友说，我是个天生的特技演员：外表干净整洁，短发精神利落，身材精瘦结实。我总爱挑战惊险吓人的特技动作，从小就喜欢游走在恐惧的边缘。体育馆成为我的庇护圣堂，我在那儿总能找到刺激、挑战和成就感。

大二结束时，我已代表美国体操联盟去德国、法国与英国参加过比赛，并赢得了世界蹦床锦标赛金牌。参加比赛得到的奖杯在房间一角越堆越多，我的照片经常被登在《加州日报》上。由于太常出现了，开始有人认出我来，我越来越有名，走在路上常有女性对我微笑。我有位可人的女性朋友，叫苏西，她总是那么温柔可爱，留着短短的金发，微笑的时候会露出一口洁白的牙齿。她常来找我，对我颇有好感。就连我的学业也十分顺利，这一切的一切都让我觉得自己仿佛置身世界的顶端。

● ● ● ● ● ●

然而，当我升上了大三，也就是1966年的初秋，有种阴暗又无以名状的事物开始成形。那时我已搬出宿舍，独居在房东家后面的独立小套房。在这段日子里，尽管事事依旧如意，我却越来越忧郁。不久之后，梦魇迅速袭来，我差不多每晚都会惊醒，浑身冒着冷汗，而梦境几乎一模一样。

我走在市区一条漆黑的路上，重重的黑暗迷雾中，没有门也没有窗的高大建筑物阴森森地向我迫近。

一个全身罩着黑斗篷的庞大身影，冲着我大步走来。我什么也看不见，只是感觉有个叫人不寒而栗的幽灵，一个发亮的白色头骨，它黑色的眼窝紧紧盯着我。周遭一片沉寂，弥漫着死亡的气息。它灰白的指骨伸向我，关节弯曲，仿佛一只爪子正在对我招手。我浑身僵硬。

一个白发男人从那罩着斗篷的恐怖形体后方出现，神态从容镇静，脸上没有丝毫皱纹，走起路来无声无息。不知为何，我直觉只有他能助我脱逃，他有能力救我，可是他看不见我，我又无法出声呼唤他。

披着黑斗篷的死神嘲笑我的恐惧，倏地转过身去，面对那白发男人，谁知那人竟冲着死神哈哈大笑。我吓呆了，愣愣地瞧着。死神气得伸手去抓他，可忽然，它又转而冲向我，但老人瞬间抓住它的斗篷，将它猛地向风中一掷。

死神瞬间消失无踪。白发男人看着我，打开双臂做出欢迎的姿势。我走向他，然后直接进入他的躯体，与他融为一体。我低头看看，发现自己一袭黑袍。我举起双手，泛白的骨头合在一起，祈祷。

我醒来，大口大口喘气。

我躺在床上，听着风声穿过公寓窗户的小缝隙肆意尖叫。辗转难眠，我索性起床，套上褪色的牛仔裤、T恤、球鞋和羽绒外套，走进夜色中。那时正是凌晨3:05。

我漫无目的地走着，深深呼吸着潮湿清冷的空气，抬头仰望星光闪烁的夜空，倾听寂静的街道上依稀传来的声响。寒冷使我肚子叫了起来，我走向一个24小时营业的加油站，打算买些饼干和饮料充饥。我双手插在口袋里，匆匆穿过校园，经过沉入梦乡的房子，来到灯火通明的加油站。举目望去，四下尽是已经打烊的餐馆、商店和电影院，一片阴暗、凄凉。在这黑暗的荒野中，加油站俨然就像萤光绿洲。

● ● ● ● ● ●

我绕过加油站修车房的角落，差点撞上坐在阴影中的一个男人。我吓了一跳，往后退了两步。他戴着一顶红色羊毛软帽，穿灰色的灯芯绒裤、白袜和日式夹脚凉鞋，身上披着件轻便的防风外套，看起来挺舒服的样子。可是他脑袋旁墙壁上的温度计却显示着4℃。

他没有抬头，只是以近乎歌唱似的低沉嗓音说："但愿没有吓到你。"

"喔，呃，没关系。这里有没有汽水（soda pop）卖？"

“这里只有果汁。还有，别叫我‘老爹’（pop）！”他转过身，冲着我，脸上半露微笑，然后摘下帽子，露出一头银得发亮的华发。接着，他哈哈大笑起来。

那笑声！我愣愣地瞪着他好一会儿，他就是我梦中的老人！那白发，那清爽没有皱纹的脸庞。他又瘦又高，看起来五六十岁的样子。他再次大笑，我感到茫然，不知怎的，竟走向那扇标着“办公室”的门。推开门的刹那，我觉得仿佛还存在着另外一扇门可以通往另一个空间。

我浑身战栗着跌坐在一张旧沙发里，死死瞪着门口，好像随时会有什么东西尖叫着破门而入，闯进我原本秩序井然的世界。我心里又是害怕，又有点着迷，一种我无法理解的怪异感觉。我坐在那儿，努力调整呼吸，试图重返正常的世界。

环顾四周，这间办公室布置得跟一般单调、凌乱的加油站迥然不同。我身下的沙发上铺着一条褪色的墨西哥彩色毛毯，左侧靠入口处放了一只箱子，里面整齐地摆着旅行辅助用品，地图、保险丝、太阳镜等。在一张深咖啡色胡桃木小书桌后面，有一把褐色灯芯绒布面的椅子，一台饮水机把守着一扇标示着“非请莫入”的门。离我较近的地方，另有一扇门通往修车房。

屋里洋溢着居家的温馨气息，博取了我的好感。地板上铺着明黄色的绒毛地毯，一直延伸至门口那块迎宾踏毯前面；墙壁新近才刷了白漆，几幅风景画增添了几分色彩。柔和的灯光使我的情绪镇定下来，这里和外头刺眼的萤光形成对比，让人心情放松。整体来说，这房间有种温暖、安全、又井然有序的感觉。

我无论何时也想不到这地方将为我带来不可预测的历险、魔法、恐惧和浪漫呢。当时我心里只顾着嘀咕，这里如果装个壁炉，倒也挺不错的。

不久，我的呼吸慢慢舒缓下来，尽管对眼前的一切不尽满意，但心中也不再是乱纷纷的一团糟。白发男人长得像我梦中的那个男人，这当然只是纯属巧合。我叹口气，站起来，拉上外套拉链，迈步走进冷冽的空气中。

他依然坐在原地。我经过他身旁时，迅速地偷看他最后一眼，而他亮晶晶的眼神引起我的注意。我从未见过这样一双眸子，乍看之下，眼中似乎噙着泪水，就要夺眶而出。接着，泪水却开始闪烁发亮，就好像倒映着满天星光。我被深深吸引了，直到星光变成只是他眼里的反光。有那么一瞬间，我迷失了，除了那一对眼睛，我什么也看不到，那是一双如同婴儿一般顽强又好奇的眼睛。

我不知道自己在那儿站了多久，可能是几秒，也可能是几分钟——说不定更久。我突然惊觉自己身在何处，喃喃道了晚安，随即脚步凌乱地匆匆走向街角。

● ● ● ● ● ●

走到路边，我停了下来。脖子一阵刺痛，我感觉得到他正在注视我。我回头看，顶多才过了 15 秒吧，他却已经站在屋顶上，双手交叉抱胸，仰望星空。我目瞪口呆，看了看仍靠在墙上的那把空椅子，再抬头往上瞧。这是不可能的事！就算他替一辆由大老鼠驾驶的南瓜车换轮胎，也不会比此情此景更令我瞠目结舌。

在寂静的夜里，我抬头瞪着那个清瘦的身影。虽然隔了段距离，他看来依旧气度不凡。我听见星星在吟唱，仿佛风中的铃声。他忽然转过头来，直视我的眼睛。我们之间相隔约 20 米，可是我几乎能感觉到他呼出的热气吹在我脸上。我打着哆嗦，不是因为寒冷，而是那扇通往现实和梦境相互交织的门再度被打开了。

“有事吗？”他说，“有什么我能帮你的吗？”简直就是先知的口吻！

“很抱歉打扰你，不过……”

“我原谅你。”他微微一笑。我脸上一阵燥热，有点不高兴。他在跟我玩游戏，我却不知道规则。

“好，你是怎么上到屋顶的？”

“上到屋顶？”他一副无辜又大惑不解的样子。

“对，你是怎么从那把椅子……在不到 20 秒内跑到屋顶上的？你本来是靠墙坐着，就在那儿。我转身，走到转角处，然后你就……”

“我在做什么，我知道得一清二楚，”他拉大嗓门说，“用不着你来告诉我。问题在于，你知道你自己在做什么吗？”

“我当然知道自己在做什么！”我开始冒火了，我又不是小孩，用不着听他教训！可是我实在太想搞清楚这老头要的花招了，只得克制住心头的怒火，保持礼貌地问：“先生，请告诉我，你是怎么上到屋顶的？”

他却不发一语，只是低头看着我，直到我后颈开始感到刺痛。最后，他总算回答了：“用梯子，就在后面。”然后就不再理我，兀自凝望天空。

我慢慢走到屋子后面，果然有把旧梯子斜靠在后墙上，可是梯顶离屋顶边缘起码还有 1 米多，就算他真的用了梯子——这一点还十分令人怀疑，也没办法说明他如何在几秒内上到那儿。

黑暗中，有什么落在我的肩头。我惊喘了一口气，倏地转身，看到他的手。神不知鬼不觉间，他竟已下了屋顶，偷偷接近我。此时我脑中浮现出唯一可能的答案：他有个孪生兄弟，他们显然爱玩这招，把无辜的客人吓个半死。我立刻开口责备他：“好了，老兄，你的孪生兄弟在哪儿？我可不是笨蛋。”

他轻轻蹙了蹙眉头，接着放声大笑。哈！可给我逮到了，我拆穿了他的诡计，可是接下来他的回答又让我不是那么有把握了。

“我要是有孪生兄弟，何必浪费时间站在这里，跟一个‘不是笨蛋’的人讲话？”他再次哈哈大笑，大步向修车房走去，留我一人站在原地，哑口无言。我简直不敢相信世上竟有脸皮这么厚的人。

我连忙跟过去，他走进修车房，在一辆绿色老福特货车的车盖下修理化油器。“那么，你以为我是个笨蛋了？”我的语气比我原本打算的更带有火药味。

“我们全是笨蛋，”他回答，“只不过有些人知道，有些人不知道，你好像是后者。麻烦你把那把小扳手拿给我好吗？”

我把那把该死的扳手拿给他，准备转身离开。可是在走以前，我必须知道答案：“请你告诉我，你是怎么那么快就上到屋顶去的？我真的很好奇。”

他把扳手递回来，说：“这世界本来就叫人猜不透，用不着想太多。”他指指我身后的架子：“我现在需要锤子和改锥，就在那儿。”

我完全没办法了，无奈地盯了他一分钟，绞尽脑汁想让他告诉我我想知道的事情，可是他似乎忘了我的存在。

正当我完全死心，走向门口时，却听到他说：“别急着走，做点事吧。”他卸下化油器，动作娴巧得有如一位正在进行心脏移植手术的外科医生。他小心翼翼地把化油器放下，转身面对着我。“来，”他边说边把化油器交给我，“把这个拆开，零件放进那个罐子里泡着，这样你就不会老想你的问题了。”

无奈感逐渐化为笑意，这老头或许有点惹人厌，可也挺有意思。我决定表现得随和一点。

“我叫丹，”脸上堆满不怎么真诚的微笑我向他伸出手，“你呢？”

他把改锥放在我伸出去的手里。“我叫什么并不重要，你叫什么也不重要，重要的是在名字以外和问题以外的东西。好，你现在需要用这把改锥来拆开那个化油器。”

“在问题之外并没有什么东西，”我反驳，“问题是，你是怎么飞上那屋顶的？”

“我并没有飞，我是跳上去的，”他板着脸回答，“那不是魔术，所以别高兴得太早。不过呢，因为你的缘故，我说不定得变一个很难的魔术，譬如把一头笨驴变成人。”

“你以为你是谁啊？”

“我是个勇士！”他厉声说，“除此之外，我是谁，取决于你想要我当谁。”

“你就不能直截了当地回答问题吗？”我狠狠地敲着化油器泄愤。

“那你就问一个吧，我尽量回答。”他脸上挂着无辜的笑容。改锥滑落，刮伤了我的手指。“可恶！”我一面嚷，一面走到水槽边清洗伤口。他递给我一片创可贴。

“好吧，这里有个直截了当的问题，”我努力克制心中的厌烦情绪，“你怎么可能帮得了我？”

“我已经帮了。”他指了指我手指上的创可贴。

我再也受不了了：“听好，我不能再把时间浪费在这个鬼地方了，我得回去睡一会儿。”我放下化油器，准备离开。

“你怎么知道你不是一直都在沉睡？你怎么知道你此时此刻不是在睡觉？”他带着热切的眼神注视着我。

“随便你，”我累得不想争辩，“不过，还有件事，我走之前拜托你告诉我。你是怎么表演那手特技的，就是在……”

“明天，丹，明天。”他打断我的话，露出温暖的微笑。霎时，我所有的恐惧和无奈都消逝无踪。他伸出手，紧握我贴着创可贴的手。我的手、我的手臂、我的整个身体瞬间感到一阵刺痛。他又补上一句：“很高兴再次见到你。”

“你说‘再次’是什么意思？”我脱口而出，接着又勉强按下这股冲动，“我明白，明天，明天。”我们俩都笑了起来。我走到门口，停下，转身，看着他，然后说：“再见，苏格拉底。”

他露出困惑的表情，接着耸耸肩，一副悉听尊便的样子。我想，他应该也喜欢这名字，接着我便离开了，没再说任何一句话。

● ● ● ● ● ●

第二天早上我睡过了头，没去上 8:00 的课，直到下午体操训练开始前才醒来，准备好去练习。

我和瑞克、席德还有其他队友，先在看台的阶梯跑上跑下，接着汗流浃背、气喘吁吁地躺在地板上，做腿部、肩膀和背部的伸展运动。通常在做这些运动时，我都一语不发，今天却突然很想和他们说说昨晚发生的一切，我本来打算一吐为快，然而想了半天，却只能够说出一句："昨天晚上，我在加油站认识了一个很不寻常的家伙。"

不过显然，他们觉得与伸展腿部时的疼痛相比，我说的只是芝麻小事。

我们做俯卧撑、仰卧起坐和举腿动作，很快就热好身，开始做一连串的翻滚动作。我在单杠上旋转身体，在鞍马上做正反交叉，并苦练新加进来的一项绷紧肌肉的吊环动作。我一次又一次地在空中飞跃，一面飞，一面在心里纳闷，我称为苏格拉底的那个男人怎会有那么神奇的本领。我心中有个忐忑不安的声音，劝我离他远远的。然而，我打定主意非摸清楚这谜样人物的底细不可。

吃过晚饭，我匆匆温习过历史，做完了心理学作业，写好英文报告的草稿，然后就冲出公寓，当时正是晚上 11:00。我越接近加油站，心里越觉得七上八下，他真的想再见到我吗？我该说什么才能让他刮目相看，让他知道我是个聪明人？

他在那儿，站在门口，微微欠身，挥了挥手，欢迎我进他的办公室。"请脱鞋，我这里一向如此。"

我在沙发上坐下，把鞋子放在一旁，好在必要时可以迅速离开。我依然不怎么信任这个陌生人。

屋外下起雨来，办公室内的色彩和温度令人感到舒适，和屋外的暗夜与不祥的云层恰成对比。我开始觉得自在起来，于是往后靠在沙发椅背上，开口说道：“是这样的，苏格拉底，我觉得我以前见过你。”

“没错。”他答道。他再次打开了我的心灵之门，在门内那片天地中，梦境和现实合二为一。我迟疑了一下。

“苏格拉底，我总是做一个同样的梦，而你就在那梦中。”我细细打量他，可是他脸上没有透露出任何蛛丝马迹。

“我曾出现在很多人的梦中。告诉我你做的梦。”

我把我所记得的梦境细节一五一十地全告诉了他。房间内似乎越来越幽暗，恐怖的情景在我心头越发鲜明，那些境遇历历在目，我所熟悉的世界开始消退。

我描述完毕之后，他说：“很好，非常好的梦。”我还来不及问他这话是什么意思，加油站的服务铃声接连响起。他披着雨衣走向屋外那湿漉漉的夜。我瞪着窗外，凝视他的背影。

晚上这时候正忙，时值星期五的高峰时段，顾客一个接着一个，忙碌而紧凑。我觉得光坐在那儿太不像话，所以走到屋外想帮忙，不过他好像没有注意到。

一辆辆车大排长龙等着我服务，简直没完没了。车子有双色相间的、红色的、绿色的、黑色的，还有货车和外国跑车。顾客的心情就跟他们的车一样，各色各样，变化多端，其中只有一两位似乎认识苏格拉底，不过有不少人多看了他两眼，好像注意到有哪里怪怪的，却又说不出来到底是什么。

有些人心情亢奋，在我们服务时纵声大笑，车内收音机开得响亮，苏格拉底也跟着他们一起笑。但也有一两位顾客看起来愁眉苦脸，一副特别不开心的样子，可是苏格拉底仍旧客气有礼，一视同仁，将每位顾客都视如上宾。

过了午夜，车辆和顾客越来越稀少，在一阵哄闹喧嚣过后，突然冷清下来的空气里有种诡异的宁静。我们走进办公室，苏格拉底对我的帮忙致谢，我耸耸肩表示不必客气，心里却很高兴他毕竟注意到我了。我已经很久没有帮别人做事了。

一回到温暖的办公室，我随即记起我们之间还有未了的事。一屁股坐进沙发，马上开口："苏格拉底，我有两三个问题。"

他双手做出祈祷的姿势，抬头看着天花板，仿佛在祈求那神圣的指引，又或者是神圣的耐心。"好吧，"他叹口气说，"你要问什么呢？"

"嗯，我还是想搞清楚你是怎么上到屋顶上的，还有你为什么说'很高兴再次见到你'？我还想知道我可以为你做什么，而你又怎么能帮上我的忙。最后，我想知道你的年纪到底有多大。"

"我现在先回答最简单的问题，根据你的时间来算的话，我 96 岁。"

他绝不可能 96 岁！！说不定 56 或 66，最多 76，果真如此也已经叫人不敢置信了，更何况是 96 岁？他说谎，但他何必说谎呢？除此之外，我还抓到他的另一个语病。

"苏格拉底，你说'根据你的时间'是什么意思？你指的是东部标准时间还是说——"我半开玩笑说，"你来自外太空？"

"大家不都是来自外太空吗？"听到这样的回答，我已经觉得大有可能。

"我还是想知道我们能为彼此做些什么。"

"只有一件事：我不介意收最后一个徒弟，而你显然需要一位师父。"

"我的老师已经够多了。"我冲口而出。

他顿了一下，深吸一口气："你是否有名副其实的师父，取决于你想学些什么。"他猛然从椅子上起身，走到门口，"跟我来，我给你看点东西。"

● ● ● ● ● ●

我们走到加油站前，从那里能看见大马路和商业区的灯光，以及更远处旧金山的万家灯火。

“丹，你看到的这个世界，”他手一挥，从地平线这头扫向另一头，“是个学校。生活是唯一的、真正的老师，它提供了许多经验。如果光凭经验就可以带来智慧和满足，那么所有的老人都会是既快乐又能指导人的大师，偏偏经验中得来的教训总是隐晦不明。我可以教你学会如何根据经验来清楚认知这个世界，眼下你最迫切需要的正是这种清晰洞见。你知道我说得对极了，可是你的理智仍在反抗，因为你尚未将知识转化为智慧。”

“这我可不知道——我的意思是，我不想研究得那么深入。”

“不，丹，虽然你现在对此还懵懵懂懂，然而有朝一日，你会研究得非常深入，而且还会更深更远。”

我们走回办公室，这时正好有辆闪闪发亮的红色丰田汽车开过来。苏格拉底一边打开汽车的油箱，一边继续说：“你就跟大多数人一样，从小只了解自身之外的信息，比如从书本上、杂志上和专家那里了解到的信息。”他把加油枪嘴插进油箱里，“就像这辆车，你把它打开，把所理解的事实真理灌进去，有时灌进去真知灼见，有时灌进谬论误导。你以市价购买知识，就跟买汽油没什么两样。”

“嘿，多谢提醒，我过几天就得缴下学期的学费了。”

苏格拉底只是点点头，继续替客人加油，油箱满了，他却没停手，照样加油，直到油溢出油箱，流到地面，漫延至人行道上。

“苏格拉底，油箱满了！做事不要心不在焉！”

他不理我，继续让汽油溢出来，说：“丹，你就像这个油箱，充满了太多先入为主的观念，还有毫无用处的知识。你对很多事实的了解和看法没错，却还是不大了解你自己。在开始学习以前，你得先清空你的油箱。”他关掉加油机台，对我咧嘴而笑，眨了眨眼，说：“把污垢清一清，好吗？”

我觉得他指的并不只是那滩油污。我匆忙用水冲洗人行道，苏格拉底则帮顾客结账，找好零钱，并送上一脸的微笑。我们走回办公室，安坐下来。

“你打算怎么做，用你的事实加满我吗？”我劈头就问。

“重点不在于事实，而在于身体智慧。”

“‘身体智慧’是什么东西？”

“所有你需要知道的一切，都在你的身体里面；宇宙的奥秘就铭刻在你身体的细胞当中。可是，你还没学会怎么去读取身体的智慧，所以你只能阅读书本，听从专家的意见，并祈祷他们说的正确无误。”

我简直不敢相信！这个加油站工人竟指责我的教授无知，暗示我受的大学教育没有意义？！

“我了解这个‘身体智慧’的概念，但我可不相信这一套。”

他缓缓摇头：“你虽然了解很多事情，但却没有领悟过。”

“这话什么意思？”

“了解是智力单一方向的理解，它带来知识；领悟则是头脑、心灵和本能三个方向同时都能理解。只有直接的经验才能让人有所领悟。”

“我还是不明白。”

“记不记得你刚学开车的情景？以前，你只是个乘客，仅仅了解什么叫开车。但是当你头一次手握方向盘时，却能马上领悟到那是怎么一回事。”

“没错！”我说，“我记得当时的感受，原来就是这样啊！”

“正是如此！这个比喻贴切描述了什么是领悟。会有一天，你会以同样的方式来谈论人生。”

我默默坐了一会儿，又开口说：“你还是没说明身体智慧如何运作。”

“跟我来。”苏格拉底招手示意，领着我走向标着“非请莫入”的那扇门。进了门，我们立即陷入一片漆黑中。我紧张了起来，不过恐惧马上就被强烈的期待所取代，因为我即将学习第一个真正的秘密：身体智慧。

• • • • • •

灯突然亮了，我们置身在洗手间里，苏格拉底正对着马桶小便，声音很大。“啊，”他说，“这个嘛，就是身体智慧！”他的笑声回荡在瓷砖墙上，我大步走出去，坐在沙发上，瞪着地毯。

他走出来时，我说：“苏格拉底，我还是想知道……”

“如果你非要叫我‘苏格拉底’不可的话，”他打断我的话说，“好歹也让我提些问题，由你来回答，借此对这个名字表示一些敬意。你觉得怎样？”

“当然可以！”我回答，“你刚提出了一个询问，而我也回答了。现在该轮到我，你那天晚上表演的飞行特技……”

“你这个年轻人还真是锲而不舍！”

“没错。我要是没有这种毅力，就不会有今天的成就。现在，我们可不可以来谈谈我所提出的问题？”

他不理我，兀自问道：“你今天，此时此刻，在哪里？”

我开始滔滔不绝地剖析自己，但仍留意到他其实在顾左右而言他，并未回答我的问题。不过我还是对他全盘托出从过去到最近的经历，以及我那些莫名的沮丧与忧郁。他像是天底下最有时间的人，耐心又专注地听我说啊说的，直到好几个小时以后，我终于把话说完为止。

“非常好，”他说，“不过，你还是没回答我的问题：你在哪里？”

“我回答了，你忘了吗？我告诉你了，我靠着锲而不舍的毅力，才爬到今天的位置。”

“你在哪里？”

“你到底在说什么啊，什么叫我在哪里？”

“你在哪里？”他轻声又问了一遍。

“我在这里。”

“这里是哪里？”

“在这个办公室里，在这间加油站里！”我被他弄得越来越没有耐性。

“这个加油站在哪里？”

“在伯克利？”

“伯克利在哪里？”

“在加利福尼亚州？”

“加利福尼亚州在哪里？”

“在美国？”

“美国在哪里？”

“在一大块陆地上，在西半球一个大陆上，苏格拉底，我……”

“这些大陆在哪里？”

我叹了一口气：“在地球上，可不可以到此为止？”

“地球在哪里？”

“在太阳系当中，是从太阳数过来的第三个行星，太阳是银河系中的一颗小星星，这样够了吧？”

“银河在哪里？”

“哦，天啊，老兄，”我不耐烦地又叹了口气，翻了个白眼，“在宇宙当中。”

我往后一坐，双手在胸前交叉，表示话题就此结束。

“那么，”苏格拉底微微一笑，“宇宙在哪里呢？”

“嗯，宇宙嘛，有关它怎么成形，有好几种理论……”

“我问的不是这个，它在哪里？”

“我不知道！我怎么可能回答得出来？”

“这就是重点。你无法回答，而且永远也答不出来。没有人知道答案。你不知道宇宙在哪里，因此也不知道你在哪里。事实上，没有一件东西你知道它在哪里，它到底是什么，你也不知道它是怎么成形的。生命就是个谜。

“我的无知是建立在这个了解上，而你的了解则建立在无知上。所以，我是个幽默的笨蛋，而你是个严肃的傻瓜。”

“听着！”我说，“关于我，有几件事情你应该知道。首先，我已经可以算是一位勇士了，因为我刚好是个优秀的体操选手。”为了证明我说的话，我从沙发上站起来，做了一个后空翻，优雅地落在地毯上。

“嘿，”他说，“漂亮，再来一次！”

“哦，没什么！其实很简单的。”我谦虚地笑了笑，我常在海边或公园对小孩表演这种把戏，他们也都想再看一次。

“好吧，苏格拉底，仔细看好。”我向上一跃，正要向后翻时，有人或有什么东西将我抛到半空中。

我重重跌落在沙发里，椅背上的墨西哥毛毯裹着我，把我整个人都罩住了。我立刻从毯子边缘探出头来找苏格拉底，他仍然蜷缩在三米远的椅子里，正露出淘气的笑容看着我。

“你是怎么办到的？”我大惑不解，他则一脸无辜。

“想再看一次吗？”他调侃道。看到我的表情后又赶忙“安慰”我说：“丹，别为一次小失误感到难过，就连像你这样的大勇士，偶尔也是会失手的。”

我木然地站在那里，然后开始动手整理沙发，把毛毯铺回原位，塞好。我必须用双手做些什么，我需要时间来思考。他是怎么办到的？又是一个得不到答案的问题。

苏格拉底轻手轻脚走出办公室，去替一辆载满家居用品的货车加油。他去鼓舞另一位在旅途上的行者了，我心想。然后我闭上眼睛，沉思着苏格拉底那明显违背自然规律，或至少是一般常识的举动。

● ● ● ● ● ●

“你想不想知道一些秘密？”循声睁开眼，见他盘腿坐在椅子上。我甚至没听见他进来。

我也正盘腿坐着，马上热切地向他靠过去。我以为沙发够硬，结果因为太向前倾而摔了下去。我来不及分开盘着的双腿，整个人就像倒栽葱似的倒在地毯上。

苏格拉底尽量克制，但还是忍俊不禁笑出声来。我迅速坐好，挺直上半身。他看到我这副呆相，不由得哈哈大笑。我比较习惯喝彩声，而非被人嘲笑，羞愤交加之下，我猛地站起。

“坐下！”苏格拉底喝道，声音里充满权威。他指指沙发，我坐下。“我刚才问你，想不想听一个秘密。”

“想，我想知道有关屋顶的事。”

“你，可以选择要不要听秘密；我，则决定是什么秘密。”

“为什么我们一定得照你的规则玩？”

“因为这是我的加油站，这就是原因。”苏格拉底以特别夸张的急躁语气说，他这样可能是在进一步嘲讽我，“现在，请集中注意力。对了，你坐得舒服吗？还有，嗯，坐稳了吗？”他眨了眨眼。

我咬牙切齿，但没开口。

“丹，我要带你看些地方，对你讲些故事，我有秘密要向你揭露。不过，在我们共同踏上旅程前，你必须明白，秘密的价值不在于你所知道的事，而在于你所做的事。”

苏格拉底从抽屉里取出一本旧辞典，举在半空中。“尽量使用你拥有的任何知识，但是要看出知识的有限性。光有知识还不够，知识没有心。再多的知识也不能滋养或支撑你的心灵，它永远也无法带给你终极的幸福或平静。生命所需要的不仅是知识而已，还得有热烈的感情和源源不绝的能量。生命必须采取正确的行动，才能让知识活过来。”

“苏格拉底，这我知道。”

“你的问题就在这里，你知道，却不采取行动。你不是勇士。”

“苏格拉底，我知道当面临压力时，我的确表现得像个勇士。你应该看看在体育馆时的我。”

他点点头：“你说不定偶尔可以体验到勇士的心智状态，有决心、有韧性、思绪清晰、没有丝毫疑惑。你可以锻炼出勇士的身体，柔软、灵活、敏感、充满能量。碰上难得的时刻，你甚至会感受到勇士的心灵，对周遭的一切都心怀慈悲。可是你只拥有这些特质的片段，你缺乏整合。小子，我的任务就是把你再一次拼凑完整。”

“等一下！我知道你有些不寻常的才能，而且喜欢把自己弄得神秘兮兮，可是你怎么敢夸口说要把我拼凑完整。我们来看看眼前的情况吧：我是个大学生，你是个加油的；我是世界冠军得主，而你在修车房里敲敲打打，等着某个可怜的傻瓜走进来，好趁机把他吓得半死。说不定，倒是我可以把你拼凑完整。”我不是很清楚自己在说什么，可是感觉相当痛快。

苏格拉底大笑起来，边笑边摇头，一副不敢相信他听到什么的样子。然后，他走向我，在我身旁屈膝蹲下，直视我的眼睛，轻声地说：“将来有一天，你说不定会有这个机会。不过，现在，你该了解一下我们之间的不同。”他戳戳我的肋骨，戳了一下又一下，说：“勇士采取行动……”

“该死，住手！’我嚷道，“我快被你惹毛了！”

“……而傻瓜却只做反应。”

“好吧，那你想怎样？”

“我戳你，你生气了；我侮辱你，你表现出自尊并愤怒的反应；我踩到香蕉皮，而……”他退开两步远，滑了一跤，砰的一声跌在地毯上。我再也受不了了，大吼了一声。

他坐在地板上，转头看着我，做最后的说明：“丹，你的感受和反应都是机械性的、可以预测的，我的却不是。我自然而然、随兴创造我的生活，你的生活却取决于你的思考、你的情绪和你的过去。”

“你凭什么就这样断定我的一切、我的过去？”

“因为，我已经观察你好几年了。”

“是啊是啊，当然当然。”说完，我等着他开玩笑，可是他并没有开口。

时间越来越晚，而我需要好好想想这一切。新的责任让我感到压力沉重，我无法肯定自己能不能履行这个责任。苏格拉底站起来，擦擦手，在马克杯里倒了些矿泉水。当他慢吞吞啜饮的时候，我说：“苏格拉底，我得走了，时候不早了，我还有一大堆重要的功课要做。”

我站起来，穿上外套，苏格拉底依旧静静坐着。我正要走出门时，他缓慢而慎重地开口，每一个字都像巴掌轻轻打在我脸上：“如果你希望有机会成为勇士，最好重新衡量你所谓的‘重要’。现在，你有书呆子的智力，心灵则是一团糨糊。你的确有不少重要的功课要做，内容却不是你刚刚所说的那些。”

我原本一直低头看着地板，这时猛地抬起头来面向他，却无法直视他的眼睛，只好转开。

“你要是想平安通过接下来的考验，”他接着说，“就需要拥有更多的能量。你必须消除身体的紧绷感，抛弃脑中陈腐的想法，敞开心灵，接受慈爱。”

“苏格拉底，我最好说明一下我的平常作息，你得知道我有多忙。我很乐意常来看你，不过我没有多少时间。”

他以阴郁的眼神看着我：“你的时间甚至比你以为有的更少。”

“你这话是什么意思？”我喘着气说。

“先别管这个，”他说，“继续说。”

“嗯，我设定了一些目标，我想成为蹦床冠军得主，我希望我们的代表队能赢得全美锦标赛。我想以优秀的成绩毕业，这表示我得看书、写报告。而你所提供给我的却像是，在加油站里待上大半夜，听一个——希望你不要觉得我是在侮辱你——非常怪异的人讲话，这个人想要把我拉进他的幻想世界中。这简直太疯狂了！”

“的确，”他苦笑，“是很疯狂。”

苏格拉底坐回座位上，低头看着地板。理智上，我很厌恶他扮出这副孤苦老人的模样，可是我的内心却被这个自称是勇士的强悍怪老头所吸引。我也重新坐下来，回想起我祖父讲过的一个故事：

很久以前，有位受人爱戴的国王。他的城堡在山丘上，居高临下，俯瞰他的领地。他颇得民心，附近城镇的人民天天都进贡礼物，而每逢他的寿诞，全国上下都欢欣庆祝。人民敬爱他，因为他睿智而富有威望，判断事情公平公正。

有一天，悲剧降临这个城镇。饮水受到污染，全国男女老幼都发疯了。只有国王因为拥有私人泉水而幸免于难。

之后不久，发狂的城镇居民开始批评国王举止“怪异”，判断力拙劣，智慧也是假的。很多人甚至说，国王发疯了。他很快失去民心，再也没有民众进贡礼物或庆祝他的寿辰。

孤零零的国王高踞山头，无人做伴。有一天，他决定下山走走。那天天气很热，所以他喝了村里的泉水。

当晚，全国热烈庆祝，大伙欢欣鼓舞，因为他们所爱戴的国王终于“恢复正常”了。

这时我领悟到苏格拉底所指的疯狂世界，并不是他的世界，而是我的。

我起身，准备离开。“苏格拉底，你叫我要倾听我自己的身体本能，不要依赖我所读到或别人告诉我的东西。那么，我又为什么要乖乖坐在这儿，听你讲话呢？”

“问得好！”他回答，“我也有同样好的答案。首先，我对你讲的东西，全出自我自己的体验，一点也没有引用从书本上看来或从专家那里间接听来的抽象理论。我确确实实了解自己的身心，因此也了解别人的身心。况且，”他浅浅一笑，“说不定我正是你的身体本能，这会儿正在对你说话呢。”

说完，他转向他的桌子，开始做些文书工作。我就这样被他打发了。走进夜色中，满脑子都是乱纷纷的念头。

● ● ● ● ● ●

随后几天我都心烦意乱，苏格拉底让我感觉自己软弱无能，他对待我的方式更叫我生气。他好像一直低估了我，我又不是三岁小孩！我心想，我何苦像个傻瓜似的坐在加油站里？在我的领域中，我可是很受人欣赏与尊敬的。

我比以前更卖力地训练，在一次又一次的动作练习中跃起又落下，全力以赴，身体炽热燃烧。可是不知为什么，我却不像以前那么满足。每当我学会新的动作或得到一声赞美，就会想起被那个老人抛到半空中，然跌落在沙发上的景象。

我的教练开始为我担心，想知道我到底哪里不对劲。我向他保证，一切都很好。然而事实相反，我不再有兴致和队友瞎聊。不知怎的，我就是觉得很困惑。

那晚，我又梦见死神，不过这一回梦境不大一样。苏格拉底穿着死神阴暗的袍子，吃吃笑着，拿了把枪指向我，开火，射出来的却是一面旗子，上面写着：“砰！”我笑醒了过来，这一点倒和以前不同。

第二天，我在信箱中发现一张字条，上面只写了“屋顶的秘密”。那晚，当苏格拉底抵达加油站时，我已坐在台阶上等他了。我提早到这里，是为了向白天当班的服务人员打听苏格拉底的事，我想知道他的真实姓名，或者他住在哪里。可惜，他们什么也不知道。“谁在乎他是谁呀？”有位服务员打着呵欠说，“不过就是个爱值夜班的怪老头。”

苏格拉底脱掉防风外套。“怎样？”我劈头就问，“你终于要告诉我你是怎样飞到屋顶上了吗？”

“对，没错。我想你已经准备好要听了。”他郑重地说。

“在古代的日本，有批精英的勇士刺客。”

他讲到“刺客”二字时，发出嘶嘶的声音，这令我强烈地觉察到屋外的黑暗和沉寂。我的颈部又出现了刺痛感。

“这些勇士，”他往下讲，“被称为忍者。有关他们的传说和声名地位，令人敬畏无比。据说，他们可以变身为动物，甚至有人说，他们会飞，当然，飞得不很远就是了。”

“当然当然。”我附和道，觉得梦土之门被一阵刺骨寒风吹开。他示意我进修车房，那里停了辆他正在修理的日本跑车，我不知道他用意何在。

“得换火花塞。”苏格拉底边说，边把头钻到车盖底下。

“嗯嗯，对，可是屋顶的事呢？”我催促他。

“等一下再说，先等我换好这些火花塞。要有耐心，相信我，我要告诉你的事情是很值得等待的。”

我坐下来，玩弄着放在工作台上的一把木槌，听到另一角的苏格拉底说：“知道吗，你要是真正投注注意力的话，这可是件非常有趣的工作。”对他来讲，说不定是这样。

他突然放下火花塞，跑到灯的开关处，轻轻一弹。周围一片漆黑，伸手不见五指，我紧张了起来，我从来就搞不清楚他会做什么，而且我们又才刚刚谈到忍者……

“苏格拉底？苏格拉底？”

“你在哪里啊？”他就在我身后嚷道。

我一转身，撞到一辆雪佛兰车“我——我不知道。”我结结巴巴地说。

“完全正确。”他打开灯，“我看你是越来越聪明了。”他露出高深莫测的微笑。

我摇摇头，心想他真是疯子一个，然后坐在那辆雪佛兰的保险杠上，打量敞开的车盖底部，发现里面有东西不见了。“苏格拉底，拜托别再胡闹了，快点办正事好吗？’

他一面灵巧地装好新的火花塞，一面继续往下说：“这些忍者并不是魔术师，他们的秘密在于人类所知最极致的身心训练。”

“苏格拉底，你讲这些有什么目的？”

“要看出目的何在，最好等到你到达终点时。”他又绕回原来的话题。

“忍者可以穿着沉重的甲胄游泳，可以只靠着手指和脚趾攀附着小裂缝，像蜥蜴一样爬上笔直的墙壁。他们设计富有想象力的攀登绳，是黑的，几乎看不见，并且采用巧妙的手法来躲藏，比方声东击西或制造幻象。忍者啊，”他最后补充说，“是了不起的跳跃者。”

“好，总算开始有点关联了！”我满怀期待，简直要摩拳擦掌了。

“年轻的勇士从小就要接受跳跃训练，方法很独特。他会收到玉米种子，奉命种植。等玉米秆长出时，年幼的勇士得跳过去。玉米秆每天都在长高，孩子每天都得跳过去。不久，玉米秆长得比孩子还高，可是他不能就此停止不跳。最后，如果他无法跳过，就会收到一粒新的种子，从头再来一遍。到最后，天底下没有什么是年轻的忍者跳不过去的。”

“那又如何？究竟秘密是什么呢？”我等待最后的答案揭晓。

苏格拉底停下来，深吸一口气：“所以呢，就是这样，年轻的忍者用玉米秆来练习，我则用加油站来练习。”

屋内静悄暗无声。突然间，苏格拉底爆笑起来，悦耳的笑声在整个加油站里隆隆作响。他笑得实在太厉害，不得不靠在正在修理的车子上。

“就这样？有关屋顶的事，你说要告诉我的就只有这些？”

“丹，在你还不能做以前，就只能知道这么多。”他回答。

“你是说，你会教我如何跳上屋顶？”我觉得整个人霎时容光焕发。

“说不定会，也说不定不会。现在，请把那改锥扔给我，好吗？”

我把改锥扔给他。我发誓，他在空中接住时，眼睛正看着别的地方！他很快用完改锥，把它抛回来给我，喊道：“小心！”我没有接住，改锥“哐当”一声，掉落在地。真令人恼火，我不知道自己还能承受多少愚弄。

● ● ● ● ● ●

几个星期很快就过去了，失眠已成家常便饭，不过，我多少有点适应了。另外还有一项改变是，我发觉，对我来说，和苏格拉底见面变得比练蹦床更有意思。

每天晚上，我们一起在加油站值班时，他加油，我擦洗车窗，而且我们都会跟顾客开玩笑。他总是鼓励我多聊聊自己的生活，但奇怪的是，他却闭口不提他自己的生活，我一提到这点，他就短短答上一句“以后再谈”，或者顾左右而言他。

我问他为什么对我的生活那么感兴趣，他说：“我需要了解你个人的幻象，才能掌握你的病情。得先净化你的心智，通往勇士之道的门才会开启。”

“你可别干扰我的心智，我就喜欢它现在这个样子。”

“你要是真喜欢它现在这个样子，此时此刻就不会在这里了。过去，你曾多次改变你的心智，不久以后，还会以更深刻的方式来改变它。”

听到这句话，我决定从今以后得小心提防这个人。我并不是很了解他的底细，也不确定他到底有多疯狂。这么说吧，苏格拉底的风格多变，绝不中规中矩，他幽默，甚至怪异。有一回，他正在对我讲道理，谈到“不可动摇的沉着镇静能带来无上裨益”，讲到一半，却边喊边追赶一只小白狗，因为它在加油站的台阶上撒尿。还有一次，大约一星期以后，我们整夜未眠，走到草莓溪，站在桥上，俯视着因冬雨而满溢的溪流。

“不知道今天的溪水有多深。”我随口说，心不在焉地低头望着奔流的溪水。紧接着，我跌进混合着泥沙的黄褐色溪水中。他竟然推我下桥！

“有多深呢？”

“够深了。”我嘴巴喷着水，拖着湿漉漉的身子，奋力上了岸。不过信口一句话，就落到这种下场，我暗暗叮嘱自己，以后开口千万要谨慎。

日月流逝，我越来越注意到我们之间的差异。在办公室里，我肚子饿时会狼吞虎咽一堆糖果饼干，苏格拉底则细嚼慢咽新鲜的苹果和梨，或泡一杯花草茶。我在沙发里待一会儿就坐立难安、动来动去，他则像菩萨一样，总是静静安坐着。我移动时，笨手笨脚，还会发出噪音，他却能轻盈地滑过地板。请注意，他是个老人。

即使在最初那段日子，每晚也都有许多小小的训诫在等着我。有天晚上我犯了个错，埋怨学校里的人对我不大友善。

他轻声说：“你最好为你现在这样的生活负责，而不是为你所受到的困境去责怪别人或环境。等你睁开眼睛时，你会看到你的健康、幸福和你生活中的各种困境，大部分都是你自己一手造成的——不管是有意还是无意。”

“我听不懂你话里的意思，不过我想我不怎么同意你的说法。”

“我以前认识一个人，就跟你一样，我在中西部的一处建筑工地认识他的。”

当午餐的哨声响起时，所有的工人都会坐在一起吃饭，每一天，山姆都是一打开午餐盒便开始发牢骚。

“真要命！”他嚷道，“又是花生酱和果酱三明治，我讨厌死了花生酱和果酱！”

他天天埋怨他的花生酱和果酱三明治，直到有一天，有位同事终于问他：“山姆，你要是这么讨厌花生酱和果酱，干吗不让你老婆准备别的东西？”

“什么老婆，你在说什么？”山姆回答道，“我还没结婚，三明治是我自己做的。”

苏格拉底停顿了半晌，又说："我们不都是自己做三明治吗？"他递给我一只牛皮纸袋，里面装了两个三明治。"你要奶酪加番茄的，还是番茄加奶酪的？"他咧嘴笑着问。

"哦，随便哪个都成。"我也开玩笑说。

我们吃三明治时，苏格拉底说："当你完全为你的生活负起责任时，便可以成为一个完整的人。你一旦变成完整的人，就会发现'成为勇士'是什么意思了。"

"苏格拉底，谢谢你给我精神食粮和肚皮食粮。"我弯腰行礼，然后穿上外套，准备离去，"我接下来有一两个星期不能来看你，期末考试快到了，而且我还有些事得好好想一想。"

我不等他开口，就挥手告别，回家去了。

● ● ● ● ● ●

我一头栽进学期末的课程中，在体育馆的时间则花在历来最辛苦的训练上。我一旦停止驱策自己，脑中便会思绪起伏，心头乱糟糟。我感觉到开始出现一种迹象，显示着我今后会对日常生活越来越疏离。我生平头一次可以在两个现实之间做选择，一个现实是疯狂的，一个是正常的，但是我不知道哪个是疯狂的，哪个是正常的，所以两个现实我一概不投入。

我无法摆脱越来越强烈的感觉，那就是，说不定，只是说不定，苏格拉底并没有那么怪异。他对于我的生活的描述，也许比我想象中的还准确。我开始看见我和别人相处的状况，而我看到的令我内心不安。

外表看起来，我够随和了，可是其实我只关心自己。我的好友比尔从鞍马上摔下来，断了一只手腕；瑞克练了一年之久，总算学会一种全身扭转的后空翻。我对两件事情的情绪反应却都一样：没反应。

我越有自知之明，越觉得有压力，对自己的看法也越快速地崩毁。

就在期末考试前的一天晚上，有人敲我的房门，是一口雪白牙齿、满头金发的啦啦队长苏西，我已经有好一阵子没见到她了。我又惊又喜，这才领悟到自己有多寂寞。

“丹，不请我进去坐吗？”

“哦，当然，请进，真高兴见到你。呃，请坐，我帮你拿外套。想不想吃点什么，或喝点什么？”她不说话，只是盯着我瞧。

“苏西，怎么了？”

“丹，你看起来好累，但是……”她伸手摸摸我的脸，“怎么了……你的眼神看起来有点不大一样。怎么回事？”

我摸摸她的脸颊：“苏西，今晚留下来陪我。”

“我以为你永远也不会这样要求我了呢。我带了牙刷。”

第二天早上，我翻身去闻苏西的乱发，像夏日的麦秆一样芬芳。我感觉枕头上有她柔和的气息。“我应该觉得很棒才对。”我心想，可是我的心情却如窗外的浓雾一般灰暗。

接下来的几天，我和苏西常常黏在一起，我想我并不是个很好的伴侣，不过苏西蓬勃的朝气足以支持我们俩。不知怎的，我一直没跟她提苏格拉底的事。他属于另一个世界，而她在那个世界中并无一席之地。我自己都搞不清楚发生在我身上的事，她又怎能明白？

期末考试结束了，我考得很好，却不怎么在乎。苏西回家度春假，我很高兴又能独处了。

春假很快过去，暖风吹过伯克利脏乱的街道。我知道时候已到，该回到勇士的世界，回到那怪异的小加油站了。这一回我说不定会表现得比以往更开放、谦卑。然而眼前我更加肯定一件事：如果苏格拉底再以他锋利的机智打击我，我将立刻还以颜色。

WAY OF THE PEACEFUL WARRIOR

A book that changes lives

第一部　风的改变

第1章 魔法乍现

那天傍晚，我练完体操，吃完晚饭便睡着了。醒来时，已近午夜。穿过初春夜里冷冽的空气，我向加油站慢慢踱去。走在校园小径上，身后刮起一股微风，好像在推着我一路前行。

快到熟悉的十字路口时，我放慢脚步。这时天空下起了毛毛细雨，显得更加寒冷，温暖明亮的灯光自办公室流泻而出。透过蒙着白雾的窗子，我看见苏格拉底正就着马克杯在喝着什么。我又是期待，又是害怕，两种心情混杂在一起，使我心跳加速。

我低头看着地上，穿过马路，走近办公室的门。风刮着我的后颈，我突然感到一阵寒意，随即抬起头来，却见苏格拉底站在门口凝视着我，像匹狼似的东嗅西闻。他似乎看穿了我，有关死神的回忆又浮现脑海，我知道眼前这个男人内在很温暖、很慈悲，可是我也意识到在那双黑色的眼睛后面，潜藏着某种强烈且不明的危险。

“你回来了，很好。”他温和的声音使我的恐惧霎时烟消云散。他挥挥手，迎我进办公室，我脱好鞋，才刚就座，加油站的服务铃就响了。我拭去窗上的雾气看出去，见一辆老普利茅斯车慢吞吞地开过来，有个轮胎已经没气了。苏格拉底早已披着雨衣走到门外。我注视着他，有那么一时半刻心里直纳闷，他怎会吓到我呢？！

雨使夜色更加昏暗，我梦中惊鸿一瞥的黑衣死神影像又回到我的脑海；啪嗒啪嗒轻轻落在屋顶的雨声，这时听来也像是瘦骨嶙峋的手指正在死命敲打屋顶。我坐立不安，因为白天在体育馆里的激烈运动而感到有点疲倦，下个星期就要举行体操联盟锦标赛了，今天是赛前最后一天的苦练。

苏格拉底打开办公室的门，站在敞开的门口说："出来，现在。"他话一说完就闪身离去。我穿好鞋站起来，透过雾气看出去，苏格拉底站在加油机旁，他的身子有一半笼罩在黑暗中，看起来像是穿着黑色的斗篷。

办公室这时好似堡垒，抵抗着黑夜，抵抗着外面的世界，而这世界就像闹市的交通噪声，正要开始折磨我的神经。我才不想出去呢。苏格拉底在黑暗中再次对我招手示意，我只好又一次向命运屈服，走了出去。

我谨慎小心地走向他，他说："听好，你感觉得到吗？"

"什么？"

"感觉！"

就在这时，雨停了，风似乎也变了方向。很奇怪，一阵暖风吹过。"苏格拉底，是风吗？"

"对，就是风，风正在改变，这表示你正面临着转折点，就是现在。你或许还没有领悟到，说实话，我也没有。不过，今晚对你来讲的确是关键时刻，你离开，但是又回来了，而这会儿风正在改变。"他盯了我半刻，然后大步走回屋里。

我随他回屋，坐在沙发上。苏格拉底静静坐在柔软的褐色椅子上，纹丝不动，眼睛紧盯着我。他开口说话，那声音强得足以穿透墙壁，又弱得能被三月的微风吹跑，他宣布："我现在必须做一件事，别害怕。"他站起来。

"苏格拉底，你快吓死我了！"我气得都结巴了。他像搜寻猎物的老虎一般，缓缓走向我。

他望着窗外，查看是否有闲杂人等，然后屈膝蹲在我跟前，轻声说："丹，记不记得我告诉过你，我们得努力改变你的心智，你才能看清楚勇士之道？”

“记得，可是我真的不认为……”

“别害怕，用孔子说的一句话来安慰自己。”他含笑道，“‘唯上智与下愚不移。’”说完，他伸出双手，温和但坚定地放在我两边太阳穴上。

起先，并没有发生什么事情。紧接着，我突然觉得脑袋正中央有一股越来越强的压力在逐渐扩张。我耳鸣得厉害，接着又出现一种像是海浪拍岸的声音。我听见铃声响起，觉得头好像快爆炸了。就在这时，我看见了亮光，内心霎时洒满了明亮的光芒，我内在有什么正要消逝，我很确定，而另一种莫名的什么，则正在诞生！然后，亮光笼罩了一切。

我发现自己躺在沙发上，苏格拉底正喂我喝茶，轻轻摇晃着我的身体。

“我怎么了？”

“这么说吧，我处理了一下你的能量，打通了几条新的脉络。那些亮光不过是你的头脑因为受到能量的洗礼所感受到的欣喜。结论是，你这一生已经对知识的幻象免疫了。从今以后，一般的知识恐怕再也不能满足你了。”

“我不懂。”

“你会懂的。”他正色道。

我非常疲倦，我们默默喝着茶。然后，我起身告辞，梦游似的走回家。

第二天，我的课排满了一整天，教授们喋喋不休，那些话在我听来却毫无意义，半点启发性也没有。在历史课上，华生教授大谈丘吉尔的政治直觉是如何影响战争的，我不再记笔记，却在忙着吸收教室里的色彩和质地，感觉周围众人的能量。教授的声音远比透过声音所传达的观念有意思。苏格拉底，你对我做了什么？我的期末考试铁定要完蛋了。

我走出教室，还在入神地观察地毯的质地，这时听见一个熟悉的声音。“嗨，丹！好几天没见到你了。我每晚都打电话给你，你都不在家，你躲到哪里去了？”

“哦，嗨，苏西，真高兴又见到你。我一直在……用功。”她的话语在空中飞舞，我简直听不大懂，可是我感受得到她的情绪——伤心，夹杂着一丝忧虑。然而她神色自若，依旧笑容可掬。

“苏西，我很想跟你多聊一下，可是我正要去体育馆。”

“哎呀，我忘了。”我也能感觉得到她的失望。“好吧，不过，我们不久就会再碰面，对吧？”

“当然。”

“嘿，”她说，“华生教授讲课很精彩吧？我很爱听丘吉尔的事迹，很有意思，不是吗？”

“呃，对，很精彩。”

“嗯，那么再见了，丹。”

“再见。”

我转身，想起苏格拉底提到过我的“腼腆和恐惧”，也许他说对了，我和人相处时真的并不那么自在，我从来就不确定自己要说什么。

然而，那天下午在体育馆，我确实知道自己要做什么。我又重新活了过来，将全部的能量源源不绝地释放而出。我肆意玩耍、摆荡、跳跃，我是个小丑，是个魔术师，是头猩猩。我从来没有表现得那么好，我的心智清明，觉得做什么都得心应手，我的身体放松、柔软、敏捷、轻盈。我还发明了一种一周半的后空翻，在后面的半周将身子一扭，变成滚动的动作。我在高高的单杠上荡呀荡的，然后一扭，做出两周空翻。这两种动作在美国都是创举。

● ● ● ● ● ●

几天后，体操队飞到俄勒冈州参加体操联盟锦标赛。我们赢了，打道回府，衣锦荣归，可是我却无法逃避纠缠着我的忧郁心情。

我思考着自从那晚亮光迸发以来我所遭遇的种种，一如苏格拉底所预测的，的确是有什么发生了，但却很恐怖，我一点也不喜欢。说不定，苏格拉底表里不一；说不定，他比我以为的更聪明，或更邪恶。

可是，我一踏进明亮的办公室大门，看到他热诚的笑容，这些念头便烟消云散。我刚坐下，苏格拉底就说："你准备好进行另一次旅程了吗？"

"旅程？"我重复道。

"对，旅途、旅游、旅行、度假，一场历险。"

"不，谢了，我的衣着不适合。"

"胡说八道！"他吼道，声音之大，使我们俩都不由得四下打量，看看有没有路人听到。"嘘！"他高声地说，"别那么大声，你会吵醒大家。"

我趁着他表现出一副和蔼可亲的样子，赶紧说："苏格拉底，我的生活变得没有道理了，除了在体操场以外，我做什么都不对。你不是应该帮我改善我的生活吗？我本来还以为这是为人师者的职责呢。"

他开口要讲话，但被我打断："还有一件事，我一直认为我们必须自己找到自己的人生道路，没有人可以告诉别人该如何生活。"

苏格拉底拍了一下额头，还翻了个白眼，一副认输的样子："你这个笨蛋啊，我就是你道路的一部分。要知道，我并没有从摇篮里把你抢过来囚禁在这里，你随时都可以想走就走，请便。"他走到门口，打开门。

就在这时，一辆黑色大轿车驶进加油站，苏格拉底装出英国口音对我说："阁下，您的车备好了。"我一时恍惚，真以为我们要搭这辆车去旅行。我糊里糊涂地走向轿车，想爬进后座，却发现一张布满皱纹的脸——一个小老头，搂着一个年约16岁的少女坐在车里，那女孩大概是他从伯克利街上勾引来的。他像只充满敌意的蜥蜴，死命瞪着我。

苏格拉底抓住我后背的毛衣，将我拖出车外。他一面关车门，一面道歉："请原谅我这位小老弟，他从来没坐过这么漂亮的车子，所以一时鬼迷心窍。是不是这样啊，小余？"

我傻愣愣地点头。"这是怎么一回事？"我尽量不动嘴唇，低声问，但是他已经在洗车窗了。车子开走后，我尴尬得涨红了脸："苏格拉底，你怎么不拦住我？"

"老实说，挺好玩的，我没想到你那么容易就上当。"

我们在夜色之中，瞪视着对方。苏格拉底咧嘴而笑，我则咬牙切齿，火气上升。"我受够了，我不想再跟在你旁边扮演笨蛋了！"我大叫。

"可是你一直这么勤于练习，差一点就要达到完美的境界了。"

我气得转身踢了一脚垃圾桶，然后跨着大步重重地往办公室走去。忽然想起了什么，我回头大声问他："你刚才为什么叫我小余？"

"小余是愚蠢的昵称。"他说。

"去你的！"我边说边跑过他的身旁，要进办公室，"好，我们就来进行你的旅程吧，无论你想给我什么，我都能承受。我们要到哪里？我要到哪里？"

苏格拉底深吸一口气："丹，这我无法告诉你，至少没法用文字说明。勇士之道大部分都很微妙，未受启蒙的人是看不见的。我一直让你看清你自己的内心，让你知道勇士有所不为的是什么。这一点，你马上就会明白。"

• • • • • •

他领着我走进一个以前从来没注意到的小房间，它藏在修车房的工具架后面，里面铺了张小地毯，还摆着一把笨重的椅子。这个角落举目所见尽是一片灰色，我觉得一阵反胃。

"坐下。"他轻声说。

"你先说明是怎么回事。"我双手交叉抱胸。

苏格拉底叹了口气："我是勇士，你是匹夫，现在让你选：你是要坐下来，闭上嘴呢，还是要回到体操场的聚光灯下，忘了你曾经认识我？"

"你在开玩笑吧？"

"不是。"

我犹豫了一会儿，然后坐下。

苏格拉底打开抽屉，拿出几条长长的棉布，把我绑在椅子上。

“你想怎样，拷打我吗？”我半开玩笑地问。

“不是，现在请安静。”他边说边把最后一条棉布绑缚在我的腰际和椅背，好像系飞机安全带一样。

“苏格拉底，我们要飞行吗？”我紧张地问。

“对，可以这么说。”

他屈膝半蹲半跪在我面前，双手捧住我的脑袋，拇指压在我的眼窝上方。我的牙齿打战，内急得要命，然而就在一刹那，我忘了一切。五彩灯光闪烁，我觉得自己听得到他的声音，却听不清楚，那声音太遥远了。

我们走在弥漫着蓝雾的走廊上，我的双腿在移动，却没有着地。四周皆是巨大的参天古木，古木变成楼房，楼房又变成巨石。我们爬上一个陡峭的峡谷，峡谷变成峭壁的边缘。

雾散了，空气凝结，青色的云在我们脚下绵延，一路伸展至地平线上橘色的天空。

我的身体直打哆嗦，我想开口对苏格拉底说些什么，发出来的声音却含混不清。我颤抖得无法控制，苏格拉底把一只手放在我的肚子上，他的手很暖，有种美妙的镇定作用。我放松下来，他紧紧抓住我的臂膀，越抓越紧，接着猛然向前冲，冲出世界的边缘，拉着我随他而去。

在毫无预警的情况下，云层消失了，我们悬挂在一个室内运动场的屋梁上，像两只醉醺醺的蜘蛛，在半空颤巍巍地摆荡。

“哎呀，”苏格拉底说，“计算有些误差。”

“搞什么鬼嘛！”我一边嚷一边挣扎着想再抓牢一点。我将身体往上奋力一摆，手脚并用抱住横梁，大口喘气躺在上面，心有余悸。苏格拉底已经敏捷地在我前方的梁木上坐好，我注意到，以他这一把年纪来说，他的身手真的很灵巧。

“嘿，你看，”我指着下方，“在举行体操比赛！苏格拉底，你疯了。”

“我疯了吗？”他闷声笑着，“看看是谁跟我一起坐在这上面的。”

“我们要怎么下去？”

“这还用说吗？怎么上来的就怎么下去。”

“我们是怎么上来的？”

他搔搔头：“我也不是很清楚，我本来希望坐前排座位的，现在看来可能是票卖光了。”

我发出刺耳的笑声，这整件事太荒谬了。苏格拉底捂住我的嘴，“嘘！”随后他移开手，这是个错误的决定。

“哈哈哈！”我笑得更大声，他再次捂住我的嘴巴。我平静下来，却觉得头晕眼花，开始痴痴傻笑。

他以严厉的语气低声对我说：“这是趟真实的旅程，比你平常生活里的白日梦还要真实，给我专心一点！”

这时，脚底下的情景的确吸引了我的注意，从这个高度往下看，观众汇集成五颜六色的点阵，像一幅闪闪发光、波纹起伏的点描画。我看到体育场的中央有座突起的平台，上面铺了熟悉的蓝色四方形地板运动垫，四周摆着各式各样的体操设备。我的胃不由得起了反应，咕噜叫了起来，我感觉到以往在比赛前那种紧张的心情。

苏格拉底把手探进一只小背包里（这玩意打哪来的呀），递给我一副双筒望远镜，这时有位女选手走到地板上。

我调整望远镜，把焦点集中在这位体操选手身上，看出她来自俄罗斯。这么说来，我们此刻正身处一场于某地举行的国际表演赛。她步向高低杠时，我发觉自己听得见她在自言自语！“这场地的传音性一定很棒。”我心想，可是我看到她的嘴唇根本没有在动。

我把望远镜头迅速移到观众席，听到许多声音在吼叫，可是观众却只是安静地坐着。我恍然大悟，不晓得什么缘故，我正在听他们内心的声音！

我把镜头转回到那位女选手，虽然我们语言不通，我却能够了解她的思绪：“要坚强……准备好……”我看到她在脑中把整套动作演练了一遍。

接着，我聚焦在观众席的一个男人身上，他穿着白运动衫，正以一位德国选手为对象大发春梦。另外有位显然是教练的男士，全神贯注在即将表演的这位女选手身上。观众席间还有位女士也盯着她看，心里想着：“美丽的女孩……去年不幸失手……希望她这次能有很好的表现。”

我注意到我接收到的并不是话语，而是感觉和想法，或安静低沉，或清晰洪亮。因此，我能够“听懂”俄语、德语或随便哪种语言。

我还注意到另一件事。这位俄罗斯选手在表演体操动作时，内心很宁静。她完成动作，回到座位时，心念又动了起来。德国选手在做吊环动作时，还有美国选手在做单杠时，也都是如此。而且，表现最好的选手在成败关键时刻，内心最为宁静。

有位德国选手在双杠上倒立、旋转时，因为噪声而分神，我察觉到他的注意力被引到噪声那里去，他心想：“那是什么？”结果在最后一次空翻倒立时失手。

我像是具有心电感应能力的偷窥者，窥探着观众的内心。“我肚子好饿……得去赶 11 点的飞机……我肚子好饿！”然而一旦选手开始表演，观众的内心也静了下来。

我破天荒头一遭领悟到我为何如此热爱体操。因为它能让我得以暂时逃离嘈杂的内心，获得神圣的喘息机会。在我旋转、摆荡和翻滚时，其他的一切都不重要了。我的身体在活动时，内心因为这宁静的时刻而得以休息。

来自观众席的心声好像音量过大的音响，越来越令人受不了。我放下望远镜，想让它悬在胸前，可是我忘了系牢颈间的吊带，望远镜直直地冲着正下方的一位女选手掉下去，我伸手想抓住它，一个不稳，差点也从横梁上摔下去。

“苏格拉底！”我低声惊呼，他却静静坐在那里。我往下看时，望远镜却不见了。

苏格拉底咧嘴而笑：“与我同行时，事物运作的规则稍微有点不一样。”

他消失不见，我则在空中翻滚，不是向下，而是向上。我隐约感觉自己好像一部倒着放映的疯狂电影中的角色，从悬崖的边缘倒退而行，下了峡谷，接着走进雾中。

苏格拉底用湿布擦拭我的脸。我遽然掉落，身子仍被五花大绑在椅子上。

“怎么样？”他说，“旅行能增长见闻，不是吗？”

“说的有道理。那么，可以松开我了吧？”

“还不行。”他回答，手又伸向我的脑袋。

我大声说：“不要，等一下！”就在这一瞬间，灯光暗了，一阵咆哮的狂风将我卷送到时空洪流中。

我变成了风，却有眼有耳，眼能观千里，耳能听八方。我吹拂过孟加拉湾一带的印度东岸，掠过一个正忙着干活的清洁女工。在香港，我在一位贩卖上等布料的商人身边回旋打转，这人正在跟顾客高声讨价还价。我从圣保罗的街道上呼啸而过，吹干在热带骄阳下打排球的德国观光客身上的汗。

我哪里都去过，我咆哮横行过中国和蒙古，穿越俄罗斯辽阔、肥沃的土地；我遽然掠过奥地利的山谷和高地草原，飞过挪威的峡湾；我在巴黎的皮嘉尔区把垃圾吹上了天。我一会儿是阵旋风，扫过得克萨斯州，一会儿又是和风，轻抚过俄亥俄州一位少女的秀发，她正考虑要自杀。

我体验到各种情绪，听到每一声痛苦的呼喊和每一声哄笑。每一种人性境遇都为我开放，我感觉到这一切，并了解这一切。

世界是心智的居所，心智比任何风旋转得都快，心智在寻求解脱——想要从伴随改变而来的困境，和在生死之间左右两难的窘况中逃离——因此它寻找目的、安全感及欢乐，设法了解神秘。在每个地方，在每个人身体里，都住着迷惑的心智，正在做痛苦的追寻。

现实永远无法和他们的梦想相契合。幸福就在转角处，他们却从来没有走到过那个角落。而这些的始作俑者，正是人们的心智。

苏格拉底解开绑在我身上的布条，阳光穿过修车房的窗户照进我的眼中——这双眼睛已看过无数事物——正噙满泪水。

● ● ● ● ● ●

苏格拉底扶我走进办公室，我在沙发上躺下，浑身颤抖。我体会到自己再也不是那个幼稚自大的年轻人，几分钟、几小时或几天前，还曾坐在灰色的椅子上吓得直发抖。我感觉自己十分衰老，我已见识到这世界的苦难、人类心智的状态，我感到一股抚慰不了的哀伤，几乎要哭出来。无处可逃。相反，苏格拉底却挺快活："好吧，现在没有时间玩游戏了，我快下班了。小伙子，你何不慢慢走回家，睡个觉？"

我站起来，沙发咯吱作响。我穿外套，却把左手套进右手的袖子。我好不容易脱下外套，有气无力地问："苏格拉底，你为什么把我绑起来？"

"我看，不管你再怎么虚弱，都还有力气问问题。我把你绑起来，这样你到处冲来撞去表演小飞侠时，才不会从椅子上掉下来。"

"我真的飞了吗？"我又一屁股坐回沙发里。

"姑且这么说吧，那是想象中的飞行。"

"你是不是把我催眠了，还是诸如此类的？"

"不是你指的那种方式，绝对不比你平日所处的催眠状态严重，其实你一直被自己迷乱的心智所催眠。"他大笑着，拿起他的背包（我曾在哪儿见到过），准备离开。"就让你开心一下，解解你的迷惑吧。这世上有许多现实是平行存在的，我不过带你进入了其中一个。"

"你怎么办到的？"

“有点复杂，下次再讲吧。”苏格拉底打个呵欠，像猫咪一样伸个懒腰。我踉踉跄跄走出门，听到身后传来苏格拉底的声音：“好好睡，醒来的时候会有小小的惊喜哦。”

“拜托，不要再有什么惊喜了。”我喃喃地说。在恍惚中走回家后，依稀记得自己倒在床上，接下来便是一片黑暗。

● ● ● ● ● ●

蓝色五斗柜上的发条钟嘀嘀嗒嗒大声走着，我被吵醒了。可是我并没有发条钟，没有蓝色五斗柜，也没有这会儿正凌乱堆在我脚边的厚棉被。然后我注意到，这脚也不是我的，太小了。接着，阳光穿透陌生的窗户，倾泻而入。

我是谁？这里是什么地方？褪色的回忆快速涌上心头，又迅即消失。

我的小脚丫踢开被子，跳下床，这时响起妈妈的喊声：“丹，小乖乖，该起床了。”时间是1952年2月22日，我6岁生日那天。睡衣掉落地上，我一脚踢到床底下，然后穿着“独行侠”内衣跑下楼。再过几个钟头，我的朋友就要带着礼物来了，我们要吃蛋糕、冰激凌，一定会开心得不得了。

当所有的生日会装饰品都整理好，大家全部回家以后，我无精打采地玩着新玩具。我觉得无聊、疲惫，肚子又痛。我闭上眼睛，飘飘然进入梦乡。

我看到每天都这样一成不变地度过：上五天学，然后是周末，再上学，再过周末。夏天、秋天、冬天和春天。

几年过去了，我成为洛杉矶的高中体操高手，待在体育馆的时刻叫人兴奋，体育馆外的生活却让人失望。我仅有少数欢乐的时刻：在蹦床上跳跃的时候，或是在我的“勇士”汽车后座和菲莉丝依偎相拥的时候。菲莉丝是我第一个女友，曲线玲珑。

有一天，傅雷教练从加州大学伯克利分校打电话给我，说要提供我大学奖学金。我迫不及待地要去展开新生活。然而，菲莉丝并没有像我那么开心雀跃，我们开始为我即将离开的事起了争执，终而分手。我心里很难过，但我的大学计划安慰了我。我很确定，不久以后，我的人生就要真正开始。

大学时光匆匆流逝，我是体操场上的常胜将军，但在其他方面仍然乏善可陈。大学四年级时，就在奥运代表队选拔赛前，我和苏西结了婚。我们住在伯克利，我因为训练忙得不可开交，甚至没有时间和精力照顾我的新婚妻子。

最后的选拔赛在加州大学洛杉矶分校举行，分数出笼时我喜不自胜——我入选了！但我在奥运会上的表现不如预期。回到家乡后，我逐渐默默无闻。

我的儿子出生了，我开始感受到越来越重的责任和压力。我找了一份卖保险的工作，占去了我大部分的时间。我似乎总是没空陪家人，不到一年，苏西和我分居，最后她提出离婚。崭新的开始，我暗自神伤地想着。

有一天，我不经意间看向镜中的自己，顿觉 40 年光阴已经过去，我老了。我的人生都到哪儿去了？我靠着精神科医生的协助戒除酒瘾。我有过金钱、房子和女人，如今却孑然一身。我很寂寞。深夜，我躺在床上，心里纳闷，儿子如今在哪儿呢？我已经好久没见到他了。苏西还有那些曾与我共享昔日美好时光的朋友们，不知现在过得怎样。

眼下，我坐在我最喜欢的摇椅上，喝着酒，看着电视，回忆往事，就这样度过每一天。我看着孩子们在门外玩耍，心想，我这一生算是过得不错吧。我得到过所有向往的一切，但我为什么闷闷不乐呢？有一天，有个在草地上嬉戏的孩子爬上我的门廊。一个友善的小男孩，一脸灿烂的微笑，他问我多大年纪了。

“我 200 岁了。”我说。

他咯咯笑道："你骗人，你才没有200岁。"说着两手叉腰。我也笑了，引起一阵咳嗽，以致年轻漂亮又能干的护士玛丽不得不请那孩子离开。等她帮我恢复正常的呼吸以后，我喘着气说："玛丽，请让我一个人待会儿好吗？"

"当然，米尔曼先生。"我并没有看着她走开，我从很久以前开始，就已经不再觉得欣赏婷袅生姿的倩影是人生一乐。

我独自坐着，我这一生似乎始终都是自己一个人。我靠在摇椅上，努力呼吸。这是我最后的乐趣。不久以后，这种乐趣也将消失。我无声痛哭，心想："可恶！为什么我的婚姻一定会以失败收场？我本来可以采取什么不同的方式，我本来可以真正去生活……"

我突然感受到一种摄人又恼人的恐惧，是我这一生中感受过的最可怕的恐惧。有没有可能是我错过了某样很重要的东西，某样原本可以使一切都不一样的东西？不，没有这个可能，我向自己保证。我大声数出我的各项成就，恐惧却没有消失。

我缓缓起身，站在山居的门廊上，俯瞰城镇。我想不透：我的人生到哪儿去了？生命究竟所为何来？是不是每个人……？"喔，我的心，它……啊，我的手臂，好痛！"我想大叫，却无法呼吸。

我浑身发抖，紧紧抓住栅栏，手指关节用力得都泛白了。接着我的身体变得冰冷，我的心渐渐僵硬。我倒回椅子上，垂下头去。痛苦倏地消失，眼前出现我从未见过的亮光，耳边浮现从未听过的声音，影像在我身旁飘来飘去。

"苏西，是你吗？"我心中一个遥远的声音说。末了，所有的影像和声音都化成一个光点，随即消失不见。

我已找到此生唯一知悉的平静。

● ● ● ● ● ●

我听见一位勇士的笑声。惊坐而起，岁月又涌回到我身上。我在自己的床上，在加州伯克利的公寓里。我还在上大学，闹钟显示现在是晚上6∶25，我睡过头了，课没上，体操也没练。我跳下床，照了照镜子，摸摸仍然年轻的脸孔，松了口气，不禁打了个哆嗦。那只是梦——一场呈现了一生的梦，苏格拉底所说的“小小的惊喜”。

我坐在公寓里，凝视窗外，心里乱糟糟的。这个梦如此逼真，事实上，往事的部分完全准确，甚至连我遗忘已久的细节都正确无误。苏格拉底对我说过，这些旅程是真实的，那么这次梦中的旅程也预言了我的未来吗？

我匆匆赶到加油站。他一进来我就问道：“苏格拉底，究竟发生了什么事？”

“这你比我更清楚。那是你的一生，而不是我的。”

“苏格拉底，”我朝他伸出手，“我的一生会那样吗？如果真的是那样，我看不出来这种人生有什么值得活下去的。”

他很慢很轻柔地开口了，每次当他要我特别留心他所说的话时，就会这样。“对于过去，我们有不同的诠释，并且，也有不少能改变现状的方法。同样，我们有很多种可能的未来，你所梦见的是最可能发生的那一种——要是你没有认识我，就一定会走向这个未来。”

“你的意思是说，假如我那天晚上错过了加油站，没有进来的话，我的未来就会像这场梦？”

“非常有可能，到目前还是有这个可能的。不过，如果你选择改变现状，你就可以改变未来。”

苏格拉底泡上茶，把他的马克杯轻轻放在我的杯子旁边，动作优雅，不慌不忙。

“苏格拉底，我不知道该怎么去想这件事。我这几个月来的生活就像一本虚幻的小说，你懂我的意思吗？有时候，我巴不得能回到正常的生活。在这里与你一起共度的神秘生活、这些梦和旅程令我吃不消。”

苏格拉底深深吸了一口气，像有什么很重要的事即将发生一样。“丹，等你慢慢准备好时，我会提高对你的要求。我向你保证，你会希望脱离你所知道的生活，选择看起来更吸引人、更舒适、更‘正常’的别样生活。不过，现在就这么做的话会铸成大错，严重性会远远超乎你的想象。”

“但是从你呈现给我看的事物中，我确实看见了真意。”

“也许是这样，不过你仍然具有善于自我欺骗的惊人能力，所以，这就是你需要梦见自己人生的原因所在。当你情不自禁想要逃开，去追寻你的幻想时，请别忘了你的梦境。”

“别替我担心，我应付得了。”

要是我当时知道接下来将发生什么事，我会闭上我的嘴。

第2章
幻象之网

三月的风和煦轻柔，五颜六色的春花把芬芳的香气散布到空中，连在淋浴间里都闻得到。我做完了激烈的体操练习后，在淋浴间里冲掉满身的臭汗和酸痛。

我利落地穿好衣服，跑下哈蒙体育馆的后台阶，欣赏球场上方的天空在夕阳余晖中渐渐转为橘红。清冷的空气令我神清气爽，整个人很放松，心平气和，我漫步到市中心买了吉士汉堡，然后前往加州大学戏院。今晚要放映电影《大逃亡》，叙述英美战俘英勇逃亡的事迹。

看完电影，我沿着大学街朝着校园方向慢跑。在苏格拉底上班后不久，抵达加油站。这天晚上生意很好，我一直帮忙到午夜过后。我们走进办公室，洗了手，接着，出乎我意料，他做起中国菜，并展开新一阶段的教学。

事情是从我跟他讲起电影时开始的。

“听来很刺激嘛，”他边说边拿出他带来的新鲜蔬菜，“同时也很切题。”

“哦？这话怎么说？”

“丹，你呢，也需要逃亡。你是被自己的幻象所囚禁的俘虏，你对自己和这个世界怀有幻觉。你需要拥有比任何一位电影中的英雄更强大的勇气和力量，才能挣脱幻象，获得自由。”

“我不觉得自己被囚禁了，不过你把我绑在椅子上的那次是个例外。”

他开始洗菜，水哗啦哗啦地流，他说：“你看不见自己的囚笼，因为栅栏是无形的。我工作的一部分就是要指出你的困境，而我希望那会是你这一生最幻灭的经验。”

“哦，老兄，多谢了。”我很惊讶他竟然幸灾乐祸，不怀好意。

“我看你还是不大明白。”他拿着一根萝卜指向我，接着把萝卜削成一片片。“幻灭是我能送给你的最大的礼物，可是由于你沉溺于幻象，因此认为‘幻灭’这两个字是负面意义的。你对一位朋友表示同情，可能会说：‘喔，那想必是大大的幻灭。’然而，你应该跟他一起庆祝才对。幻灭的意思，是‘脱离幻象’，可是你却紧紧抓着你的幻象不放。”

“是真相。”我反驳道。

“真相？”他边说边把正在切的豆腐推到一旁，“丹，你正在受苦！你其实一点也不享受你的生活。你的娱乐、风流韵事，甚至体操，都只是治标不治本的方法，只是用来躲避隐藏在你心底的恐惧。”

“等等，”我生气了，“你是说体操、恋爱，还有电影是不好的吗？”

“当然不是。可是你并没有享受这些事物，你只是上了瘾，无法自拔。你用它们来逃避你混乱的内在生活，也就是你称之为心智的那一大堆懊悔、渴望和幻想。”

“苏格拉底，等等，这些都不是事实。”

“是，它们都是事实，只是你还没有看出来。你积习难改，总在追求成就与娱乐，从而避开使你痛苦的本源。”他沉吟半晌，“你不大想听我这么说，对吧？”

“我是不大想听，而且我觉得并不适合我。能不能讲点其他比较乐观进取的？”

“没问题。”他说着，拿起蔬菜又切了起来，“事实是，你的生活会很美妙，你根本没有在受苦，你不再需要我，你已经是个勇士。这些听起来怎么样？”

“好多了！”我大笑，但是心里明白这并非事实，“事实说不定存在于两者之间，你觉得呢？”

苏格拉底没有抬头，说：“依我看，你的‘两者之间’是地狱。”

我气急了：“难不成我是个大笨蛋，还是说你对精神障碍者特别有一套？”

“这么说也行，”他微笑着把油倒进炒菜锅里，放在电炉上加热，“但是几乎全人类都处在和你有同样的困境。”

“那又是什么样的困境呢？”

“我以为我已经说明白了，”他耐心地说，“你如果得不到想要的东西，就会受苦；得到不想要的东西，也会受苦；就连得到你正好想要的东西，仍然会受苦，因为你无法永远拥有它。你的心智就是你的困境。它想免于改变，免于痛苦，免于生与死的必然性。然而，改变是一项法则，再怎么假装，都不能改变这个事实。”

“苏格拉底，你知道吗？你可真擅长泼别人冷水，我甚至都不饿了。如果说生命就是苦难，那我何必活着呢？”

“生命并不是苦难。我只是说，你会因它而苦，而非因它而乐——除非你挣脱内心的执念，不论发生什么事，只管自由自在，御风前行。”

苏格拉底把蔬菜和豆腐丢到滋滋作响的油锅中翻炒着，整个办公室香味四溢。他把蔬菜分进两个盘子里，放在旧书桌上，那就算是我们的餐桌了。

“我想我的胃口又回来了。”我说。

苏格拉底大笑，用筷子小口小口夹着菜，默默吃饭。我半分钟的吞完了自己这盘，我真的饿坏了。一面等着苏格拉底用完餐，我一面问他：“那么，心智有什么正面用途？”

他从盘子上抬起头：“没有！”说完，又从容不迫吃了起来。

“没有？苏格拉底，这太荒唐了。那么由心智所创造出来的东西呢？你又怎么说？书籍、图书馆、艺术呢？在我们的社会里，通过杰出的心智所发展的一切进步，又该怎么说呢？”

他咧嘴而笑，放下筷子，说：“并没有所谓杰出的心智。”然后端着盘子走向水槽。

“苏格拉底，别再讲这些不负责任的话了，请好好解释清楚！”

他走出浴室，手上高捧着两个亮晶晶的盘子。“我最好帮你把一些字眼重新定义一下。‘心智’就跟‘爱’一样，是个靠不住的用语。合适的定义取决于你的意识状态，这么说吧：你有脑子，它指挥身体、储存信息，并根据那些信息而运作，我们称这些脑部的抽象程序为‘智力’。我到目前都还没讲到心智，脑子和心智并不相同，脑子是真实的，心智却不然。

“‘心智’是在脑部飘荡的虚幻投影，包含了所有随机出现、未加控制的思绪，这些思绪从潜意识潺潺涌进知觉状态当中。意识并非心智，知觉并非心智，专注力并非心智。心智是障碍，是使情况恶化的事物，是人类的一种进化错误。心智对我没有用处。”

我坐着，不发一语，缓慢地深呼吸。我不知说什么才好，好在没过多久就又有话可说：“我不是很清楚你在说什么，但是听来的确有点道理。”

他笑了笑，耸耸肩。

“苏格拉底，我需不需要割掉我的头，好革除我的心智啊？”

他含笑说：“这是个好办法，不过有不良的副作用。脑子是一项工具，能记住电话号码、解开数学题或写诗。它就是以这种方式为身体其他部位工作，就像一辆拖拉机。不过，如果你怎样都无法停止去想数学题或电话号码，或者老是不由自主地想一些恼人的思绪或记忆，这时就不是你的脑子在运作，而是你的心智在漫游。接着，心智就会控制你，拖拉机就不听使唤了。”

“我明白了。”

“你必须观察你自己，才能理解我说的意思，才会真正地明白。你有个愤怒的思绪像泡泡般浮起，于是你生气了。你所有的情绪都是这样，它们是针对你所无法控制的思绪而起的反射动作。你的思绪就像一只野猴子被蝎子螫到。”

“苏格拉底，我想……”

“你想得太多了！”

“我只是想告诉你，我真的愿意改变，我天生就乐于改变。”

“这个呢，”苏格拉底说，“正是你最大的幻象之一。你乐于换衣服、发型、女人、房子和工作，你简直太乐于改变任何事物，但就是不肯改变你自己。不过，你将会改变。要不由我，要不就是由时光来帮助你睁开你的眼睛，虽然时光有时不会留情。”最后，他带着不祥的语气说：“你自己选择吧，不过首先得领悟到一件事：你是个俘虏，然后我们才能策划你的逃亡。”

说完，他走向书桌，手握铅笔，开始核对收据，那模样俨然是一位忙碌的经理。我清楚感觉到，今晚到此为止，下课了。我很高兴。

● ● ● ● ● ●

接下来的两三天，还有之后的几个星期，我都告诉自己，我太忙了，没空去看苏格拉底。但是他的话始终在我心中回响。

我开始在一本小记事簿上做笔记，把自己一天所有的思绪都记下来，只有练体操时不记，因为这时我的思绪已经被动作取代了。两天以后，我就得买较大的笔记本了，可是才过了一星期也记满了。我看到自己竟然有这么多的思绪时吓了一大跳，更不要说大部分还都是负面的。

这个练习让我比较能觉察到自己内心的噪音。我的思绪以前只是潜意识的背景轻音乐，如今我将音量调大了。我停止做笔记，思绪依然喧哗。也许苏格拉底可以帮助我控制音量，我决定今晚去看他。

我在修车房里找到他时，他正在清洗一辆旧雪佛兰汽车的引擎。我正要开口，一位身材娇小的黑发少女出现在门口，就连苏格拉底也没听见她进来，这一点倒是很不寻常。他只比我早半秒钟看到她，随即展开双臂朝她走去，她以跳舞般的姿势迎向他，两人抱在一起，在房间里相拥旋转。接下来数分钟，他们就只是四目交接，彼此凝视，然后苏格拉底问："是吗？"她回答："是啊。"那真是美妙又诡异的景象。

我没别的事可做，只好在她每次从我身旁旋转而过时盯着她看。她最多一米五高，看来颇结实，可是又流露着优雅、纤弱的气息。她长长的黑发在脑后挽成了髻，露出干净的、神采焕发的脸庞，而脸上最醒目的是那一双眼眸，又大又黑。

我打起呵欠，这才算引起他们的注意。

苏格拉底说："丹，这位是乔伊（Joy）。"

"乔伊是你的名字，还是说你的心情很快乐（joy）？"我自作聪明地问。

"两样都对，"她说，"大部分时候是这样子没错。"她看看苏格拉底，他点点头。接着，让我吃惊的是，她竟然伸手拥抱我。她的手臂轻轻揽住我的腰，温柔地抱了我一下。我感到一股能量沿着我的脊椎往上涌，随即产生一种来电的感觉。

乔伊明亮的大眼睛望着我，脸上露出一抹甜甜的、顽皮的微笑，我却目光呆滞。"老菩萨一直在折磨你，对吧？"她柔声说。

"呃，大概吧。"我喃喃回答。

"嗯，不过这番折磨是值得的。这点我很清楚，因为他先找到了我。"

我虚软到无法开口问明详情，况且她也已经转向苏格拉底，说："我要走了，我们星期六上午10点这里见，一起去提尔顿公园野餐怎样？我会准备午餐，天气看起来会很好。怎么样？"她先看看苏格拉底，再看看我。我呆呆地点点头，她悄然无声地飘出门外。

那晚剩余的时间，我一点忙也没帮到，老实说，接下来那一星期，我根本就像个没用的傻瓜。好不容易星期六来临了，我拿起衬衫就走向加油站，盼望春天的阳光能把我晒黑，同时希望我强壮结实的体格能让乔伊刮目相看。

我们搭公交车到公园，然后越野健行，松树、桦树和榆树围绕在我们四周，地上厚厚一层树叶在脚底噼啪作响。我们在向阳的绿茵小丘上打开带来的食物，我重重往下一躺，卧在毯子上，迫不及待要晒太阳，希望乔伊也加入。

● ● ● ● ● ●

毫无预警地，蓦然刮起了风，乌云四拢，我简直不敢相信。天空开始下雨，起先是飘着毛毛细雨，才一眨眼大雨就倾盆而下。我抓起衬衫，一面穿衣，一面咒骂个不停。苏格拉底却只是哈哈大笑。

“你怎么会觉得这样很好笑！”我骂道，“我们会变成落汤鸡，一个小时以后才会有公交车，而且午餐也泡汤了，这可是乔伊准备的食物，我敢说她可不觉得……”但乔伊也在大笑。

“我不是在笑下雨这件事，”苏格拉底说，“我是在笑你。”他一面哈哈大笑，一面在湿树叶上打滚。乔伊竟然开始唱起歌来，还边唱边跳。这太过分了！

雨来得快，去得也快，突然之间就停了。太阳破云而出，我们的食物和衣服很快就晒干了。“我的雨中舞挺灵的嘛。”乔伊鞠躬行礼。

我歪躺在地上，乔伊坐在我后面，按摩我的肩膀，这时苏格拉底开口说：“丹，时候到了，你该开始从你的生活经验当中去学习，而不是抱怨或沉溺其中。你刚才看到了两个非常重要的教训，可以说是从天而降的神谕。”我埋头大嚼食物，努力不去听他说话。“首先，”他边嚼着莴苣边讲，“你的失望和怒火都不是下雨所造成的。”我嘴巴塞满了马铃薯沙拉，没办法开口表示异议。苏格拉底继续讲下去，手上还拿着片胡萝卜，架势十足地在我面前挥来挥去。

“下雨是完全符合自然法则的现象，你在野餐遭到破坏时‘很不高兴’，在太阳再度出现时觉得‘快乐’，这两者都是你的思绪的产物，和实际上发生的事情并不相干。比方说，你不是曾经在庆功会上感觉到‘不快乐’吗？因此很显然的，左右着你心情好坏的本源，是你的心智，而不是别人，更不是你所在的环境。这就是第一个教训。”

苏格拉底咽下马铃薯沙拉，继续说：“第二个教训是，我观察到，你在注意到我一点也没有不高兴时，变得更加生气。你开始拿自己跟一位勇士对照——对不起，是两位勇士。”他朝乔伊笑笑，“丹，你不大喜欢这样，对吧？这说不定暗示着，有必要改变了。”

我臭着一张脸坐在那儿，反复思索他这番话。我几乎没有察觉到他和乔伊突然跑开。不久，又下起毛毛雨。

苏格拉底和乔伊回到毯子上。苏格拉底开始跳上跳下，模仿我之前的动作。“该死的雨！”他嚷道，“我们的野餐泡汤了！”他用力踩着脚步来来回回，然后在踩到一半时停下来，对我眨眨眼，露出顽皮的笑容。接着，他扑向一堆湿树叶，肚皮朝下趴着，假装在游泳。乔伊唱起歌来，或者笑了起来，我分辨不出那是唱还是在笑。

我也抛开了矜持，开始跟他们一起在湿树叶堆里打滚，和乔伊玩摔跤，我尤其喜欢这一部分，我想她也有同感。我们尽情奔跑、跳舞，直到天色已晚，不得不踏上归途。乔伊像淘气的小狗似的蹦蹦跳跳，却拥有女勇士该有的一切优点。我坠入情网了。

当公交车颠簸开下俯瞰海湾、连绵起伏的群山，日落时分的天空变成一片粉红和金黄。苏格拉底有点有气无力地试图对我扼要说明那两个教训，我则竭尽所能地不理会他，光顾着蜷缩在后座，和乔伊依偎在一起。

“请注意。”他伸出手，用两根指头捏着我的鼻子，把我的脸转向他。

“你要干什么？”我问。苏格拉底捏住我的鼻子，那时乔伊正俯在我耳边低语。“我情愿听她的，也不要听你的。”我说。

“她只会带着你寻欢作乐，”他笑，放开我的鼻子，“就连一个在欲望中挣扎的小傻瓜也看得出来，他的心智是怎样制造了他的失望，还有他的喜悦。”

“说得真好。”我说，随即迷失在乔伊的清澈的双眸里。

公交车过弯道时，我们都默默坐着，远望旧金山华灯初上。公交车在山脚停靠，乔伊迅速起身下车，苏格拉底紧随其后。我也想跟在后面，但是苏格拉底回头看我一眼，说：“不行。”就只这两个字。乔伊透过打开的车窗，看着我。

“乔伊，我什么时候能再看见你？”

“看情况，说不定很快。”她说。

“看什么情况？”我说，“乔伊，等等，别走。司机，我要下车！”可是公交车已驶离，乔伊和苏格拉底消失在黑暗中。

● ● ● ● ● ●

星期天，我陷入极度沮丧的情绪中，无法自拔。星期一课堂上教授讲的内容，我几乎一句也没听进去。练体操时，我心事重重，没有一点精力。从那天野餐之后，我就什么东西也没吃。我在为星期一晚上的加油站之行做准备，如果再见到乔伊，我会劝她跟我一起走，不然就是我跟她一起走。

她果真在那儿。当我走进办公室时，她正和苏格拉底一起笑着。我觉得自己像个不速之客，不知道他们是不是在笑我。我走进去，脱下鞋子，坐好。

“嘿，丹，你今天有没有比星期六那天更聪明？”苏格拉底说，乔伊微笑着，她的微笑伤了我。苏格拉底又说：“我本来不敢肯定你今晚还会不会来，因为我恐怕讲了一些不中听的话。”他的话像一把铁锤，一个字一个字地敲下，我恨得咬牙切齿。

“丹，试着放松一点。”乔伊说。我知道她是想帮我，但我却觉得自己受到他们俩的苛责，毫无招架之力。

“丹，”苏格拉底继续说，“看看你自己。如果还是对自己的弱点视而不见，又怎能改正弱点呢？”

我简直说不出话来。好不容易能开口了，却因为愤怒和自怜，连声音都在发抖。“我的确是正在看……”我真不想在她面前表现得这么窝囊。

苏格拉底漫不经心地说下去：“你不由自主地就臣服于内心的情绪和冲动，这实在是大错特错。如果你依然故我，就会一辈子都是现在这副德性……我简直想不出还有比这更糟的命运！”苏格拉底说完大笑，乔伊点头表示赞同。

“他有时候挺呆板的，是吧？”她对苏格拉底说。

我握紧拳，尽量控制自己的声音：“在我听来，你们的话都不怎么好笑。”

苏格拉底往椅背一靠。“你生气了。想要掩饰，却掩饰得不怎么高明。你的怒气证明了你的幻象有多顽劣。何必捍卫一个连你自己都不相信的自我呢？小傻瓜何时才会长大呀？”

“你才是疯子！”我听见自己在高声叫骂，“没遇见你之前，我本来过得好好的。你的世界似乎充满了苦难，但我的世界可没有。我是很沮丧没错，可是只有来这里见你时才这样！”

乔伊和苏格拉底都一语不发，只是点点头，露出同情和怜悯的表情。天杀的怜悯！“好，你们俩把一切都看得那么清楚、那么单纯、那么好玩，我无法了解你们，也不想了解！”羞愧和纷乱令我眼前一片迷茫，我自觉像个傻瓜，踉跚走出门，心中暗暗发誓，要从此忘了他，还有她，并忘记自己曾经在一个繁星闪烁的夜晚走进这间加油站。

我的气愤是假的，我知道。更糟的是，我知道他们也知道。我觉得自己像个小男孩，在苏格拉底面前表现得很愚蠢，这我还受得了，但我却受不了自己在乔伊面前丢脸。这下子，我肯定永远失去她了。我在街上奔跑，不知不觉竟往和家相反的方向冲，最后走进大学街上的一间酒吧，拼命把自己灌醉。当我总算回到家时，已醉得不省人事，这是值得庆幸的一点。

我决不能回去。我决定设法重拾几个月前抛弃的正常生活。第一件事便是赶上功课进度，免得毕不了业。苏西把她的历史笔记借给我，有位体操队友借我心理学笔记。我通宵赶报告，埋首苦读。我有很多东西必须努力记起，还有很多则必须遗忘。

在体育馆，我全力苦练，不练到筋疲力尽决不罢休。教练和队友看到我恢复元气，起先都很高兴。我最要好的两个伙伴瑞克和席德，对我如此无所畏惧表示惊叹，开玩笑地说："丹在找死。"无论什么动作，我不管三七二十一，先试了再说。他们都以为我勇气十足，其实我是什么都不在乎了。我心里好痛苦，要是受了伤，起码能为这份痛苦找到理由。

过了一阵子，瑞克和席德不再开我玩笑。

"丹，你的黑眼圈越来越深，你多久没刮胡子了？"瑞克问道。

"你看起来实在是太瘦了。"席德说。

"这是我的事，"我没好气地说，"不，我的意思是，谢了，我没事，真的。"

"好吧，要多睡一点觉，不然还不到夏天，你就会瘦得只剩皮包骨。"

"嗯，我知道。"我并没有告诉他们，我并不介意自己消失无踪。

我把身上仅存的少数脂肪转化为软骨和肌肉。我看起来很结实，活像米开朗琪罗的雕像。我的肤色苍白，就跟大理石一样。我几乎每晚都去看电影，但是有一幕影像却始终萦绕在我心底：苏格拉底或单独一人，或和乔伊结伴坐在加油站里。有时，我会依稀看见他们俩坐在那儿，嘲笑着我，也许我不过是他们的猎物而已。

我没有和苏西或其他女生厮混，所有的冲动都消耗在训练中，被汗水冲掉。况且，在凝视过乔伊的眸子后，叫我如何再凝视其他女人的眼睛呢？有天晚上，我被敲门声吵醒，听到门外传来苏西腼腆的声音："丹，你在里面吗？

丹？”她把字条塞进门下面，我甚至没有起床看一眼。

生活变成一种折磨，别人的笑声让我觉得很刺耳。我幻想苏格拉底和乔伊两个人像巫师和女巫一样笑着，共谋算计我。我看电影时，银幕没有色彩，吃东西时也味同嚼蜡。有一天在课堂上，华金斯教授在分析某一件事对社会的影响，我站起来，听到自己使劲地喊："狗屁！"华金斯设法不理会我，可是所有的眼睛，总有 500 对吧，都投射在我身上。有观众，我要让他们都知道！"狗屁！"我嚷道。不知道是谁在拍手，还传来一阵笑声和窃窃私语。

华金斯教授本着他一贯冷静的绅士作风，说："麻烦你说明一下好吗？"

我从座位一路挤出来到走道上，步上讲台，突然之间真希望自己刮了胡子，穿了件干净的衬衫。我面对他站好："这些东西和幸福、和生活有什么关系？"席间传来更多掌声，我看得出来他正仔细打量我，评估我有没有危险性……然后判定大概是有的。

"你讲的说不定有道理。"他轻声默认。我在 500 人面前受到鼓励，想要对他们说明一切——我想教导他们，让大家都明白。我转向全班同学，开始讲述我在加油站和一个男人聚会的事情，他让我看到，生活并不是表面上显现出来的那幅情景，还讲起有个国家的人都发疯了，唯有山上的国王一人独醒的故事。起先，台下一片死寂，然后，有几个人笑了起来。哪里不对劲了？我又没讲笑话。我继续讲故事，不久笑声就如一波波的潮水，淹没了整间教室。他们难不成都疯了吗？还是，我疯了？

华金斯小声对我说了什么，但我没有听到。我继续语无伦次，他再次放低声音说："孩子，我想他们之所以笑，是因为你的裤子拉链没拉上。"我羞愤死了，赶快低头看，接着投向众人。不，我不要再做傻瓜了！我不要再当笨蛋了！我哭了起来，笑声消失。

我跑出课堂，冲过校园，直到再也跑不动。两个女人从我身旁经过……在我看来，她们像塑胶机器人，社会的寄生虫。她们厌恶地瞪了我一眼后走开了。

我低头看看自己脏兮兮的衣服，几乎要泛臭味了。我的头发蓬乱，好几天没有刮胡子。我莫名其妙地走到学生活动中心，却记不得自己是怎么走到那里的，只是一屁股坐进一张黏黏的、铺了塑料布的椅子，而且还睡着了。我梦见自己被一把闪亮的剑刺穿，插在木马上，木马连接在倾斜的旋转台上，飞快地转啊转，我拼命想伸手钩到套环。忧伤的音乐走调了，我听到乐声后面传来骇人的笑声，我惊醒，觉得头晕目眩，跌跌撞撞地走回家。

我开始像幽灵般飘来荡去，混过一堂又一堂课。我的世界从里到外，从上到下，整个颠倒过来。我设法重返旧有的生活轨道，想借着用功读书和苦练体操来激励自己，然而一切都不再有丝毫感觉。

● ● ● ● ● ●

这段日子里，教授们照样口沫横飞，大谈文艺复兴、老鼠的本能和米尔顿的中年生活。我每天在校园的示威活动声中走过广场，穿越静坐抗议的人群，仿佛置身梦中，没什么对我是有意义的。学生权利并不能给我安慰，迷幻药也无法抚慰我。我就这么飘浮游荡，如同身处外地的异乡人，夹在两个世界当中，归属无着。

有天近傍晚时，我坐在校园地势最低处的红杉林中，等着天黑，思考最好的自杀方法是什么。我不再属于这个尘世。不知何故，我的鞋子不见了，我只穿着一只袜子，双脚脏兮兮的，还有干掉的血迹。我并不觉得痛，什么感觉都没有。

我决定最后再看望一次苏格拉底，于是拖着脚步走向加油站，在街对面停了下来。他快要替一辆车子加完油时，有位女士带着一个年约四岁的小女孩走进加油站。我想她并不认识苏格拉底，可能只是要问路什么的。小女孩突然对他伸出手，他抱起小女孩，她双手环抱着他的脖子。那位女士想把小女孩拉下来，她却不肯放手。苏格拉底笑了，和小女孩说了什么，然后轻轻把她放下来。他单腿屈膝蹲下，拥抱她。

这时，我突然悲从中来，哭了起来，身体因为痛苦而颤抖。我转身跑了好几百米，然后倒在小径上。我累得没有力气走回家，无法做任何事情。

我在医院醒来，手背上扎着点滴。有人替我刮了胡子，把我的身子洗干净了。至少，我现在觉得平静了。第二天下午，我打电话到健康中心请求出院。

“贝克医生办公室，你好。”他的秘书接电话。

“我叫丹·米尔曼，想尽快和贝克医生约诊。”

“好的，米尔曼先生，”她以秘书惯有的明快且带有职业性友善的嗓音说，“医生下星期二的下午一点有空档，这个时间可以吗？”

“能不能再早些？”

“恐怕不能……”

“小姐，我在下星期二以前就自杀了。”

“那可不可以请你今天下午来？”她的声音含有抚慰的力量，“下午两点，可以吗？”

“可以。”

“好的，那么到时候见，米尔曼先生。”

贝克医生又高又胖，左眼周围有轻微的神经性抽搐。我突然不想跟他谈话，该从何说起呢？难道我要说：“嗯，医生大人，我有位师父名叫苏格拉底，他会跳到屋顶上。不，不是从屋顶上跳下来，不过我倒是打算这么做。还有，哦，对了，他带着我到别的时空旅行，我变成了风，我有一点沮丧，是的，学业还好，我是体操明星，我想自杀。”

我站在那儿：“医生，谢谢你，我突然心情很好，我只是想知道别人是怎么生活的。一切都没有问题。”他开口了，字字斟酌，好讲出“正确”的话，不过我径自走了出去，回家睡觉。此时此刻，睡觉似乎是最轻松的选择。

● ● ● ● ● ●

那晚，我步履蹒跚走到加油站，乔伊不在那儿。我一方面觉得很失望，我好想再次凝望她的眸子，好想再拥她入怀以及被她拥抱；另一方面，我却又松了口气，又是一对一的局面了——苏格拉底和我。

我坐下时，他提也不提我好一阵子没来的事，仅仅说："你看来又累又沮丧。"语气并未带一丝同情，我却热泪盈眶。

"对，我很沮丧，我是来告别的，我应该这么做。我陷在中途，进退两难，再也受不了，我不想活了。"

"丹，有两件事你搞错了。"他走过来和我并肩坐在沙发上，"第一件事，你还没到中途，离那儿还远得很，不过你已经快走到隧道的尽头了。至于第二件事嘛，"他边说，边把手伸向我的太阳穴，"你不会自杀的。"

我瞪着他："谁说的？"

这时我发觉我们已不在办公室，而是坐在廉价旅馆的房间里。霉味，灰色的薄地毯，两张狭小的床铺，还有龟裂的二手货小镜子。

"怎么回事？"这一刻，我的声音又有了生气。这些旅程总能振奋我的身体，我感觉到一股能量。

"自杀意图正在酝酿中，只有你能阻止它。"

"我还没有要自杀。"我说。

"傻瓜，不是你，是窗外那个年轻人，在窗台上。他念南加州大学，叫唐纳，是足球队员，主修哲学。他现在上四年级，可他不想活了。去吧。"苏格拉底朝着窗子做手势。

"苏格拉底，我不行。"

"那他就会死。"

我往窗外看，见到在约十五层楼底下，有成群小小身影的市民在洛杉矶闹市街上抬头往上看。我匆匆扫视四周，看到一个穿着咖啡色牛仔裤和运动衫的浅色头发青年，站在离我三米远的狭窄窗台上，低头看着下方，准备往下跳。

我不想吓到他，轻轻地叫他的名字。他没听见，我又叫了一次："唐纳。"他猛抬头，差点跌下去。

"别过来！"他警告说，接着问，"你怎么知道我的名字？"

"唐纳，我有位朋友认识你。我可不可以坐在这边的窗台上，跟你谈一谈？我不会再靠近的。"

"不，不要再说了。"他看起来精神涣散，声音单调平板，没有丝毫活力。

"唐，别人都叫你唐吗？"

"对。"他机械地回答。

"好吧，唐，命是你自己的。反正，世界上有99%的人会自杀。"

"你说这鬼话是什么意思？"他说，有一丝生气回到声音里，他开始比较用力地抓着墙壁。

"是这样的，大多数人的生活方式等于在自杀，你知道我的意思吧？他们抽烟、喝酒、压力过大、暴饮暴食，虽然要花上三四十年的时间才会杀死自己，可是照样是自杀。"

我挪近一两米，我必须小心斟酌用字。

"我叫丹，真希望我们能有时间多聊聊，我们说不定有些共通点，我是个运动员，在加州大学伯克利分校念书。"

"嗯……"他停下来，打起哆嗦。

"唐，听我说，我坐在窗台上，越坐越觉得胆战心惊，我要站起来，好抓着什么。"我缓缓起身，有点发抖。天哪！我心想，我是着了什么魔，跑到这窗台上来干吗啊？

我轻言细语，设法跟他搭上话："听说今晚的日落会很美，会吹来暴风云，你确定不想再看到日落或日出吗？你确定你永远不想再去爬山吗？"

"我从来没爬过山。"

“唐，那儿的水呀，空气呀，一切都那么纯净，松针的香气四处飘散，也许我们可以一起去爬山，你看怎么样？你要是想自杀，至少也等看过山以后再自杀也不迟。”

事已至此，我可以说的都说了，现在就看他自己的了。我在劝他时，越说越希望他能活下去。现在，我跟他相距不过一米。

“别再过来！”他说，“我想要死……立刻。”

我放弃了。“好吧。”我说，“那我跟你一起跳下去，反正我已经看过该死的山了。”

他头一回双眼看着我：“你说真的吗？”

“我是说真的，你先还是我先？”

“可是，”他说，“你为什么想死呢？这太扯了，你看起来那么健康，一定有很多值得让你活下去的东西。”

“听好，”我说，“我不知你有什么困扰，不过我的问题比你大多了，你甚至无法理解我的问题。我话说完了。”

我往下看，事情很好办，只管把身子向前倾，让地心引力完成其他的事就可以了。这一回，我终于能证明苏格拉底这自鸣得意的老头子错了。我可以笑着往下跳，一路嚷道：“老混账，你错啦！”直到我跌个粉身碎骨，肝胆俱裂，从此再也看不到日出。

“等等！”唐朝我伸出手，我犹疑了一下，然后握住他的手。我凝视他的眼睛，他的脸孔开始产生变化，变狭长了，头发颜色则变深，身体也变得比较瘦小——我站在那儿，看着我自己——接着镜像消失，剩我一个人。

我大吃一惊，往后退一步，然后滑了一跤，跌落下去，一再翻滚。我的心灵之眼看到那个穿着披风的恐怖幽灵，正在下面等着我。我听见苏格拉底在上面某个地方喊着：“十楼，女性内衣、床单；八楼，家居用品、照相机……”

我躺在办公室的沙发上，凝视着苏格拉底温和的笑容。

“怎么样？”他说，“还想自杀吗？”

“不想了。”然而做了这个决定以后，生命的重量和责任又落回我身上，我告诉他我所有的感受。苏格拉底抓着我的肩膀，只说：“丹，坚持下去。”

那晚临走前，我问他乔伊在哪里，告诉他我想再见到她。

“再等一阵子。她会去找你，说不定再晚一点吧。”

“可是，如果能跟她再聊一聊，事情就会容易多了。”

“谁跟你讲过事情会比较容易的？”

“苏格拉底，”我说，“我非见到她不可！”

“没什么事是非怎样不可的，只有一件事例外，那就是，你不能再抱着‘我要这个、我要那个’的观点来看这世界。放轻松点！当你失去你的心智时，就会清醒过来。不过，在此之前，我要你继续观察，尽可能去观察你心智的碎片。”

“要是能打电话给她就好了……”

“回去吧。”他说。

• • • • • •

接下来几周，我心智的杂音彻底占了上风。狂野、杂乱、愚蠢的思绪，自责、焦虑、渴望——全都是杂音。就连在睡觉时，梦中那震耳欲聋的声响也猛烈攻击我的耳朵。苏格拉底自始至终都是对的，我的确身陷囹圄。

直到某个星期二晚上十点，我跑到加油站，冲进办公室，呻吟道：“苏格拉底！要是我不能调低这些杂音，我就要疯啦！我的心智像匹脱缰野马，一切就像你告诉过我的。”

“很好！”他说，“勇士的首次领悟。”

“如果这就是进步，那我宁可退步。”

“丹，如果你骑上一匹你以为已经被驯服的马儿，结果却是匹野马，会发生什么事？它会把你从马背上摔下来，或踢落你的牙齿。生活会以它自以为好玩的方式，不断地踢落你的牙齿。”

我不能否认，再也不能。

“可是如果你知道那是匹野马，自然就会以恰当的方法应付它。”

“苏格拉底，我想我了解了。”

“你的意思是说，你了解你的想法了？”他含笑着说。

他特别叮咛，让我的“领悟”先稳定几天再说。听完这番话，我就离开了。我尽力而为。

接下来几个月，我变得越来越有觉察力，但是当我走进办公室时，却还是提出同样的问题：“苏格拉底，我终于领悟到我的心智噪音有多大，我的马有多野。我该怎么驯服它？我该如何降低这些噪音？我该怎么做才好？”

他搔搔头：“嗯，我想你得培养非常好的幽默感。”他大笑，接着打了个呵欠，伸了个懒腰。他伸懒腰的方式和大多数人不同，不是双手向两侧伸展，而是像猫咪那样，弓起背，我听见他的脊椎骨咔嗒响。

“苏格拉底，你知不知道你伸懒腰时，看起来像一只猫。”

“大概是吧。”他不当一回事地回答，“模仿各种动物正面的特性，是很好的练习，同样，我们也会模仿某些人类的正面特性。我正好很欣赏猫，猫的动作就像个勇士。而你呢，你模仿的对象是大笨驴。现在时机成熟，你也该开始扩大你的模仿范围了，你说对不对？”

“对，大概吧。”我以平静的语气回答，心里却很生气。刚过午夜我就告辞，提早打道回府。

睡了五个小时以后，我被闹钟叫醒，三步并作两步地跑回加油站。在那一刻，我暗自下定决心。我再也不要扮演受害者，不要再让他自以为高人一等。我要当猎人，我要反过来追猎他。离天亮还有一个钟头，到那时他才能下班。我藏身在加油站附近、校园边的矮树丛中，我要跟踪他，想办法找到乔伊。

我透过树叶窥视他的一举一动。由于全力警戒，思绪沉静了下来。我一心一意只想查出他在加油站以外的生活，有关这方面，他始终绝口不提。现在，我要自己去找出答案。

我像只猫头鹰似的盯着他，我从来没有留意过他的动作是如此优美，就像一只猫。他洗车窗的手法干净利落，没有一丝累赘，把加油管滑进油箱时，也优雅得有如艺术家。

苏格拉底走进修车房，大概是去修车吧。我开始觉得疲倦，不由得合上了眼，再睁开眼时，天边已有一丝鱼肚白，我想必睡了几分钟……糟糕，我跟丢他了。

这时，我又看到他，正忙着最后一分钟的工作。他走出加油站，过马路，直直往我坐着的地方走来。我的心一阵收缩，身体僵硬、颤抖又发痛，但我藏得很隐秘。我只希望，他今早不会有兴致“在树丛周围搜寻猎物”。

我退回到树丛当中，设法保持镇定。一双穿着凉鞋的脚轻快滑过，离我的藏身处只有一米远。我几乎听不见他轻盈的脚步声，他走上向右分叉的小路。

我像只松鼠似的，迅速但小心地沿着小路奔跑，苏格拉底走路的速度快得惊人，我差一点赶不上他的步伐几乎快跟丢时，我看到他走进了图书馆。怎么回事？我心想，他为什么要去那里呢？我怀着激动的心情，继续跟踪。

我走进橡木大门，经过一批早起的学生，他们全都转过头来，笑眯眯地看着我。我不理他们，沿着长长的走廊追踪我的猎物。我看到他向右转，然后就不见了。我疾速冲到他消失的地方。不可能搞错的，他的确走进这道门，里面是男厕，没有别的出口。

我不敢进去，仍留在附近的电话亭。10分钟过去了，20钟过去了，难道我跟丢他了吗？我的膀胱发出紧急信号，我必须进去——不只是要找苏格拉底，而且还要用洗手间。有什么不行呢？这里毕竟是我的地盘，不是他的。我要请他说清楚讲明白，不过这种状况的确很尴尬。

我走进贴着瓷砖的洗手间，一个人影也没见到。小解完后，我开始更仔细地搜索。这里没有其他的门，他一定还在里头。有个家伙从隔间出来，看到我弯腰查看每个隔间的下方，蹙着眉头匆匆走出门外，边走边摇头。

我仍继续手头的正事。我低头迅速看了下一个隔间的下方，起先见到穿着凉鞋的脚背，接着苏格拉底的脸突然出现在我的眼前，上下颠倒，歪嘴而笑。他显然是背对着门，身体向前弯，头摆在两膝之间。

我大吃一惊，踉跄向后退，脑子里一片茫然。我没有正当的理由可以解释，自己为什么会在洗手间里举止怪异。

苏格拉底打开门，以花哨的手势冲了马桶。“一个人被菜鸟勇士追踪，可是会得便秘的！”他的笑声回荡在贴瓷砖的洗手间内，我满脸通红，他又整了我一次！我又变成大笨驴，简直要觉得自己的耳朵跟着变长了。我又愤怒又羞愧，身体直发抖。

我感觉得到自己满脸通红。照了照镜子，我看到头发上竟整整齐齐地绑着条神气活现的黄色缎带。难怪我穿过校园时，别人都莫名地露出微笑，以及刚才在洗手间的那个人为何对我抛以诧异的眼光。想必苏格拉底趁我在树丛里打瞌睡时，把它绑在我头上。一阵倦意突然涌来，我转身，走出门。

门就要关上时，我听见苏格拉底以怜悯的语气说：“这不过是要提醒你，谁是师父，谁是徒弟。”

那天下午，我拼命地练习。我不跟人说话，别人也很识相，没跟我说话。

我生着闷气，立誓要竭尽所能，让苏格拉底承认我是一位勇士。

快要离开时，一位队友拦住我，交给我一封信 ：“有人把这个留在教练办公室，收信人是你。丹，是不是你的粉丝啊？”

“不知道。谢了。”

我走出门，拆开信封，一张白纸上写着 ：“怒气比恐惧更有力，也比哀伤更有力。你的心灵正在成长，你已准备好要接受剑了。苏格拉底字。”

第3章
挣脱束缚

第二天早上，海湾大雾弥漫，遮蔽了夏日阳光，天气也变凉了。我很晚才起床，泡了茶，吃了个苹果，拉出我的小电视机，倒了些饼干在碗里。我打开电视，一头栽入连续剧中。我被剧情迷住了，伸手要再拿块饼干，却发现碗已经空了。

上午稍后，我绕着球场跑步，在那儿遇见杜威，他说他在伯克利山上的劳伦斯科学馆工作。我因为头一回“没听清楚”，只好请他再重复一遍。这又提醒我一件事：我欠缺专注力，而且心思游移不定。我们跑了几圈以后，杜威说，天空蔚蓝无云。我却只顾着想心事，根本没注意到天空。接着他往山上跑去，他是马拉松选手，我则打道回府，满脑子都在思考我的心智。世界上要是有“自找罪受”这种事，这恐怕就是一件了。

我观察到，在体育馆时，我的注意力集中于每一个动作，可是一停止运动，我的思绪便又遮蔽了我的洞察力。

● ● ● ● ● ●

那晚，我提早到加油站，希望在苏格拉底一来上班时，就能跟他打个招呼。这时，我已竭尽所能地忘掉昨天在图书馆的事，并准备好聆听苏格拉底所能建议的任何对策，以遏止我那过分活跃的心智。

我耐心等待。午夜来临，不久，苏格拉底也来了。

我们刚进办公室，我就打起了喷嚏，还擤了擤鼻涕，看来我得了轻微感冒。苏格拉底烧水泡茶，而我还是老样子，一开口便提问题："苏格拉底，除了培养幽默感以外，我还可以怎样做来遏阻我的思绪和心智？"

"首先，你得先明白自己的思绪来自何方，是怎么开始的。举个例子，你现在感冒了，生理症状告诉你，你的身体需要恢复平衡，需要阳光和清新的空气，还有清淡的食物。同理，充满紧张压力的思绪反映出，你和现实发生了冲突，当心智抗拒现实时，紧张压力就产生了。"

一辆汽车开进加油站，一对穿着正式的老夫妇中规中矩坐在前座。"跟我来。"苏格拉底吩咐道。他脱掉防风外套和短袖运动衫，打着赤膊，露出轮廓分明的肌肉和光滑白皙的皮肤。

他走到驾驶座旁边，向愕然的夫妇微微一笑："请问两位需要我帮什么忙？需不需要为你们的心灵加点汽油？或是上点油，润滑一下白天的不愉快？要不，换个新电池，给两位的人生充点电？"他大剌剌地对他们眨眨眼，浅浅笑着，态度认真。车子突然启动，急驶出加油站。他搔搔头："说不定他们刚刚才想起来，家里的水龙头忘了关。"

我们在办公室里放松心情，喝着茶，苏格拉底解释刚才的那一课。"你看到了，那对男女对于在他们看来十分古怪的状况，产生了抗拒心。他们被自己的价值观和恐惧所制约，并未学会如何去顺应情势、适应当下，而他们原本可以从我这里得到今天最精彩的一段时光。"

"丹，当你抗拒眼前发生的事情时，你的心智便开始赛跑；那些袭击你的思绪，其实是你自己所创造的。"

"而你的心智却以不同的方式运作，对不对？"

"说对也对，说不对也对。我的心智像没有波纹的水塘，你的心智则波涛汹涌，因为一有计划之外或不受欢迎的事情发生，你就会产生分裂感，而且觉得备受威胁。你的心智就像刚被人投进一块大石头的水塘。”

我边听边凝视茶杯的深处，突然觉得有人碰触我的耳后。我的注意力陡地增强，我往杯里看得更深更深，更沉更沉……

我在水里，抬头往上看，这简直太荒谬了，难道我跌进了我的茶杯里吗？我有鳍和鳃，很像一条鱼。我摆摆尾巴，直冲到水底，那里安静又祥和。

一块大石头突然破水而入，震波使我倒退。我用鳍拍拍水，游开，寻找安身处躲藏起来，直到一切又都沉静下来。随着时光推移，我逐渐习惯偶尔掉进水里、掀起涟漪的小石头。不过，重重的“扑通”一声仍会惊吓到我。

我回到充满声音的干燥世界，躺在沙发上，睁大眼睛往上看，见到苏格拉底的微笑。

“苏格拉底，太神奇了！”

“别夸张了。你游得不错，我很高兴。现在，我可以继续讲下去了吗？”他没等我回答。“你是条神经紧张的鱼，水面一出现大涟漪便逃之夭夭。后来，你渐渐习惯了涟漪，但仍无法洞悉涟漪产生的原因。”

他继续说：“你可以从中看出一件事：置身水中的鱼儿如果想把眼光投到水以外的地方，看见涟漪产生的来源，那么鱼的觉察力必须大幅飞跃才行。”

“你的觉察力也必须有类似的飞跃，一旦你能清楚了解来源，就会看出心智的波纹和你这个人无关；你会不带情绪，只是注视着波纹，以后一有小石头掉进来，你就不会再不由自主地过度反应。一旦你不再如此一本正经地看待你的思绪，就可以不被这世界的骚动不安所干扰。记住，碰到困扰时，抛开你的思绪，看穿你的心智！”

“苏格拉底，那该怎么做呢？”

“问得好，你从体能的训练中已学到一件事：觉察力的大跃进并不会一下子就发生，而是需要时间与修炼。有个练习可以使你洞悉自己的波纹来源，那就是静坐。”

他做完这个重大宣布，说声“失陪”，就去上洗手间了。现在，该轮到我让他惊奇一下了。为了让他隔着洗手间的门也能听到，我在沙发上大声嚷道："苏格拉底，我比你早了一步，我一个星期前就参加了一个静坐团体。我当时是想说，我也该对我的心智做点什么了。我已经开始更加放松，对自己的思绪多少能够控制，你有没有注意到我比较沉着了？事实上……”

洗手间的门突然打开，苏格拉底发出令人血液凝固的尖锐叫声，朝着我冲来，一把闪亮的武士刀高举过头！我还来不及移动，武士刀便冲着我挥来，无声切过空气，在我的脑袋上方不过几厘米的地方停下。我抬头看看悬空的刀刃，然后看着苏格拉底。他对我笑了笑。

“搞什么鬼啊！你吓死我了！”我喘着气说。

刀锋慢慢向上，悬在我的头顶上方，好像捕捉并增强了屋内所有的亮光，直射进我的眼睛，我不由得眯起眼来。我决定闭上嘴巴。

苏格拉底屈膝蹲在我跟前，轻轻把武士刀摆在我们俩之间，闭上眼，深吸一口气，然后静坐不动。我看了他一会儿，心想，如果我移动身子，这头“睡狮”会不会醒来，扑向我。10 分钟过去，20 分钟过去，我想他也许是要我也跟着静坐，所以就闭上眼，坐了半个小时。等我张开眼睛时，我看到他依旧像一尊菩萨似的坐在那儿。我开始坐立不安，悄悄起身喝水。当我正把水倒进马克杯时，他把手放在我的肩头，我手一震，水溅到鞋子上。

“苏格拉底，拜托你不要这样偷偷摸摸接近我，你难道不能先发出一点声音提醒一下吗？”

他微微一笑，开口说："无声是勇士的艺术，静坐是勇士的剑。你有了这把剑，就能切断你的幻象。不过，有一点你必须明白：剑是否有用，取决于拿剑的人。如果你不知道如何恰当地使用剑，它就会变成危险、骗人或无用的工具。静坐可以在一开始先帮助你放松，你可以展示你的‘剑’，自豪地拿给朋友看。这把剑的光芒会使许多静坐者分神，直到他们终于放弃它，另寻别种秘术。

“相反，勇士却以娴熟的技巧和透彻的理解，来使用静坐这把剑。他用这把剑，把心智斩成碎片，砍进思绪之中，暴露出思绪空洞的本质。你或许还记得亚历山大大帝的故事，他率领大军横越沙漠，看见两条粗绳绑成一大团复杂难解的结。从来没有人能打开这个结，但亚历山大毫不迟疑，拔出他的剑，用力一砍，结就断成了两半。勇士就该像这样去使用静坐之剑，你必须学会以这个方式攻击你的心智之结，直到有朝一日你超越了这些，再也不需要任何武器。”

● ● ● ● ● ●

就在此时，一辆旧福斯车嘎啦嘎啦地开进加油站，车子新烤了白漆，还有一侧漆了一道彩虹。车内坐着六个人，我们走近时，才看出来是两女四男，全部从头到脚穿得一身蓝。我认出他们是湾区许多新心灵团体之一的成员。这些人自以为是，回避和我们交谈，当我们不在场，好像我们的世俗之气会污染他们似的。

苏格拉底当然挺身迎接挑战，立刻假装既不良于行，又口齿不清。他不断在身上这里那里搔着痒，十足是钟楼怪人的德性。“嗨，小余，”他对驾驶员说，此人的胡子是我这一生所见过最长的，“你要汽油还是什么来着？”

“对，我们要加油。”那男人说，声音像橄榄油般柔和顺滑。

苏格拉底斜睨后座两个女人，把头探进窗里，一副故作神秘的样子，同时却又大声嚷道：“哎，你们有没有静坐啊？”他说这话的神情仿佛像在谈某种疏解性欲的独特方式。

“没错，我们静坐。”驾驶员说，声音流露出优越感，“现在，能不能替我们的车加油？”

苏格拉底对我挥挥手，要我加油，他则继续想方设法惹恼这位驾驶员：“嘿，老兄，你知道，你穿成这样，看来像个娘们似的。别误会，我是说挺漂亮的。还有啊，你干吗不刮胡子？你在那毛茸茸的玩意下面藏了什么？”

我吓得缩手缩脚，他却变本加厉。“嘿，”他对其中一个女人说，“这伪娘是不是你男朋友啊？”他对前座另一个男人说：“告诉我，你有没有做过那件事？还是像我在《国家询问报》（*National Enquirer*，是美国发行量很大的八卦小报）读到的，存着没用啊？”

差不多快要见效了。苏格拉底数着要找给他们的钱，速度慢得叫人受不了。他不断算错，然后从头再来。这时我已经忍俊不禁了，车里的人则气得发抖，驾驶员一把抓起零钱，以一种很不圣洁的方式，把车开出加油站。车子开走时，苏格拉底嚷道：“听说静坐对你们有好处，要继续下去啊！”

我们才刚回到办公室，一辆大型雪佛兰就驶进加油站。服务铃响了以后，又传来音乐喇叭不耐烦的“呜啊呜啊”声，我和苏格拉底一起出去。

方向盘后坐着一位四十来岁的“小伙子”，穿着一身光灿发亮的缎料衣裳，头上戴着装饰着羽毛的大猎帽。他极度神经过敏，不断轻拍着方向盘，他身边坐着个看不出年纪的女人，正在鼻子上扑着粉，假睫毛在后视镜中眨动着。

不知怎的，我一看到他们就讨厌。这两人一副蠢相，我真巴不得说：“你们为什么不表现出你们这把年纪该有的举止？”但我只是看着他们，等待着。

“嘿，老兄，你们这儿有没有香烟贩卖机？”驾驶员问。

苏格拉底停下手上的活儿，含着笑，和气地说：“先生，没有，不过前面再过去一点，有家通宵营业的商店。”说完就回头检查油量，全神贯注。然后，他像是给皇帝奉茶一样，毕恭毕敬地把零钱找给对方。

车子离去后，我们仍待在加油机旁，闻着夜晚的空气，“你对待这两个人很有礼貌，却对那些穿蓝袍的寻道者很无礼，可是他们显然才是进化水平比较高的人啊。这是什么道理呀？”

这一回，他给我简单又直截了当的答案。“你应该关切的，只有一种水平，那就是我的水平，还有你的水平。”他笑着说：“这两个人需要亲切以待，那批心灵寻道者则需要别的东西让他们反省一下。”

“那我需要什么呢？”我冲口而出。

“更多的修炼，”他很快回答，“我用武士刀攻击你时，你的修炼并没有帮助你泰然自若，当我对那些一身蓝衣的朋友开些小玩笑时，修炼也并没有帮到他们。

“这样讲吧，体操并不只有前滚翻的动作，勇士之道也并不局限于静坐技巧。倘若你见树不见林，就可能产生错误的想法，终生只练习前滚翻，或者只练习静坐，那么修炼就只能使你得到片断的好处而已。

“你需要的是一张地图，上面包含你必须探索的整片疆域，接着，你才能领悟静坐的用处和局限。我问你，哪里能拿到好地图？”

“当然是在加油站。”

“先生，您答对了。请走进办公室，我刚好有您需要的地图。”

我们笑着走进修车房的门。我扑通一声，坐到沙发上。苏格拉底则无声无息安坐在他丝绒椅子的厚重扶手之间。他瞧了我足足有一分钟之久，看得我浑身发麻。“哦，”我紧张地低声说，“怎么了？”

“问题是，”他总算叹了口气说，“我无法向你描述那片疆域，至少无法用那么多……词句来描述。”

他起身朝我走来，眼睛发亮，吩咐我收拾行李。我要出发旅行去了。

有那么一刹那，我觉得自己正从太空中某个有利位置以光速在扩大，像气球一般膨胀，不断向存在的最外极限涨大，直到我成为宇宙，再也没有分野。我已变成万事万物，我就是意识，体认到意识的本体；我是那道纯净的光芒，物理学家将之等同于一切物质，诗人则将之定义为爱；我是一，也是全部，让所有的世界都黯然失色。就在那一刻，那永恒的、不可知的，都在我眼前显现，呈现出就连笔墨也无法形容但确实存在的不朽。

转瞬之间，我又恢复成凡人的形态，飘浮在星辰之间。我看到一面心形的三棱镜，它让每道银河失色，它使得意识之光绕射，迸发出灿烂的色彩，闪亮的碎片呈现着彩虹的每种色调，扩散到整个宇宙。

我的身躯变成明亮的棱镜，到处投射一片片五颜六色的细碎光芒。我体会到凡人肉身存在的最高目的就是：变成传播这种光芒的清澈通道，这样，它的光亮便可将一切障碍、一切纠结、一切抗拒，皆消散为无形。

我感到这光芒绕射于我整副躯体的里里外外、上下左右。这时我明白了，所谓觉察，指的就是人类体验到这股意识之光。

我明白了专注力的意义，它代表刻意去引导觉察力。我又感觉到我的躯体变成一只空的容器。我凝视我的双腿，它们充满着明亮温暖的光芒，然后双腿渐渐消失，变成一片灿烂光华。我又凝视我的双手，也发生同样的情形。我把专注力集中在身体各个部位，直到我整个人再度成为光芒。最后，我领悟到当进入真正的静坐冥想时的所有过程——扩大觉察力，引导专注力，最终臣服于意识之光。

一抹光芒在黑暗中闪烁，我醒过来，苏格拉底正拿着手电筒，来回照着我的眼睛。“断电了。”他用手电筒照着自己的脸，露出牙齿，活像万圣节的南瓜。“怎么样，现在你比较清楚了吧？”他问，好像我刚刚获悉的不过是灯泡的运作原理，而非看到宇宙的灵魂。我几乎说不出话来。

“苏格拉底，我欠你的恩情，一辈子都无法偿还。现在，我明白一切了，我知道自己必须做什么，我想我再也不需要和你见面了。”我很哀伤，我已经毕业了，我会怀念他。

他看着我，一脸惊愕的表情，然后哈哈大笑，笑声之轰轰烈烈比我以前所见过的都更厉害。他笑得前仰后合、浑身抖动，眼泪滑下脸庞，最后总算镇定下来，说明自己笑的原因。“小伙子，你还没毕业，你的工作几乎还没有开始呢。看看你自己，你和几个月前跟跄走来这里时没什么两样。你所见到的，只是幻象，而不是最终的经验。它会逐渐消退，化为回忆，不过即使如此，它也会提醒你，给你一个参照点。现在，放轻松吧，别那么严肃！”

他往椅背上一靠，依旧是那副慧黠的模样。“你知道，”他又说，“这些小小的旅程的确让我不必多费唇舌来启发你。”就在这时，灯亮了，我们笑了起来。

他含笑从饮水机旁边的小冰箱里取出几颗柳橙，边榨汁边说：“你要是真想知道的话，其实你也正在替我效劳。我也‘卡’在时空中的某处，无法动弹。有很大一部分的我，与你的进展绑在一起。我为了要教你，”他说着，反手一抛，把橙皮扔进肩膀后面的垃圾桶里，每一次都精准无比，“几乎得把自己的一部分灌进你的身体里面。我跟你打包票，那可是不小的投资，所以说，从头到尾都是团队工作。”

他榨好汁，递给我一小杯：“来干一杯吧！”

我说：“祝我们合作成功。”

“一言为定。”他微笑。

“再多说点有关恩情的事吧，你欠谁一份情？”

“这么说吧，这是门规的一部分。”

“你根本就没回答。”

“听起来或许很愚蠢，不过我还是得遵守我这一行特有的一套规矩。”

他拿出一张小卡片，起先看起来很正常，后来我发觉上头有一抹微弱的光芒。卡片上印着浮雕字体：

勇士企业
主管：苏格拉底
专长：诡论、幽默和改变

“收好，说不准哪天派得上用场。你需要我时，你真正需要我时，只要双手拿着名片，呼叫我，我就会以某种方式出现。”

我把名片小心收进皮夹里。“苏格拉底，我会好好收着，你放心。哦，对了，你有没有乔伊的名片？”

他不理我。

我们沉默下来，苏格拉底开始拌他的生菜沙拉，这时我想到另一个问题：“那么，我该怎么做？我该如何敞开自己，接受觉察之光呢？”

他以问题回答问题：“你想看见什么东西的时候是怎么做的？”

我笑了：“嗯，注意看就是啦！你指的是静坐吗？”

“核心就在这里，”他切着蔬菜，突然说，“静坐有两个同时并进的过程：一个是内观：注意逐渐冒出的思绪；另一个是放下：放下对冒出的思绪的挂碍。如此便能摆脱心智。”

“我想我明白你的意思。”

“嗯，说不定你听过这样一个故事。”

有个研习静坐的学生，和一小批练习静坐的人坐在一起，大家都很安静。这个人看见血腥、死亡和邪魔的幻象，吓得站起来，走到师父身边，低语道：“禅师，我刚看到可怕的幻象！”“随它去吧。”师父说。过了几天，这个学生正在享受性幻想、洞悉生命的意义、看见天使等林林总总的幻象时，师父拿着棍子走到他的身后，重重地敲了他一下，说：“随它去吧。”

我听了大笑说：“苏格拉底，你知道的，我一直在想……”

苏格拉底拿着胡萝卜，敲了我的脑袋一记，说：“随它去吧。”

我们开始吃东西。我用叉子猛戳蔬菜，他则用木筷夹起菜，边咀嚼边安静呼吸。他没咀嚼完一口菜，决不再夹另一口，好像每一口菜都是山珍海味。我一口接一口大快朵颐，同时也有点钦佩苏格拉底吃东西的耐心。

我先吃完，往后一靠，宣布说："我想我准备好要试试真正的静坐了。"

"啊，是的。"他放下筷子，"'征服心智'，只要你有兴趣的话。"

"我有兴趣！我想要自我觉察，所以才会在这里。"

"你想要的是自我形象，而不是自我觉察。你来到这里，是因为你没有更好的选择。"

"可是我是真的想铲除我喧闹的心智。"我提出异议。

"这只不过是更多的幻象——就像个拒绝戴眼镜的人，坚持说，现在的报纸都印得不清不楚。'"

"不对。"我边摇头边说。

"眼下，我还不指望你已经看清真相，不过你需要听到真相。"

"你到底想说什么？"我不耐烦地问，注意力已经分散了。

"这是底线了，"苏格拉底说，他的声调坚定有力，勾起我的注意力，"你仍然认为你就是你的思绪，把它们当成宝贝一样，多方护卫。"

"才不呢。你哪里知道？"

"小子，你那些冥顽不灵的幻象就像一艘逐渐下沉的船。我建议你趁着现在还来得及，放下这些幻象。"

我按捺住心头越蹿越高的怒火："你怎么知道我如何'认同'我的心智？"

"好。"他叹口气，"我来向你证明。你说'我要回我住的地方'，是什么意思？你言下之意是不是认为，你跟你要去的那个地方是分离的？"

"嗯，当然。"

"那么，当你说'我今天身体酸痛'时，是什么意思？这个'我'与身体分开，提到身体时，视之为所有物，这个'我'是谁？"

我不由得大笑："苏格拉底，这是语义学，你得说点其他的来证明。"

"没错，语言的惯例揭示我们看待世界的方式。事实上，你的一举一动的确像是在表示，你是'心智'，或是你身体里面某种微妙的东西。"

"我为什么要这么做？"

“因为你贪生怕死，你想要永远，渴望不朽。你误认为自己就是这个‘心智’、‘心灵’或‘灵魂’，以为在你与死亡签订的合约中，发现了规避条款。作为‘心智’，当身体死亡时，你说不定可以振翅高飞，重获自由，嗯？”

“那也是一个想法。”我笑着说。

“丹，正是如此。那是一个想法，不比影子的影子更真实。意识并不在身体里面，而是身体在意识里面。你就是那意识，而非那带给你这么多困扰的幽灵心智。你是身体，也是其他的一切，你方才亲历过的幻象显示给你的就是这个道理。只有心智会抗拒改变。当你放松，进入身体里面，没有心智，只会感到快乐、满足又自由，你感觉不到分离。你已经不朽了，只是方式和你所想象或希望的不同。你还没有诞生，便已不朽，在身体消散分解后，依然会不朽。身体是意识，它不生、不死，只会改变。然而心智，也就是你的自我、个人想法、历史和身份，终究会死亡，谁需要它呀？”苏格拉底往椅背一靠。

“我不敢确定我是不是了解这番话。”

“当然。”他大笑，“除非你体悟出了言语的真理，否则言语是没有什么意义的。可是你一旦领悟，就自由了。”

“听起来挺不错的。”

“对，是挺不错的。眼前，我只是在为接下来会发生的事奠定基础。”

听了这话，我思索了起码 10 秒钟，才问出下一个问题：“苏格拉底，如果我并不是我的思绪，那我是什么？”

他看着我，那副神情好像他刚说完一加一等于二，而我却问：“是，可是一加一等于多少？”他伸手从冰箱里抓出一颗洋葱，抛给我，“剥吧，一层一层剥。”他指挥道，我就剥了起来。

“你发现了什么？”

“另一层。”

“继续剥。”

我又剥了几层，“苏格拉底，只不过又多了几层。”

“继续剥。”

“剥光了，没东西了。”

“错，有东西留下来了。”

“是什么？”

“宇宙。你走路回家时，好好想一想这件事。”

我望着窗外，差不多要天亮了。

● ● ● ● ● ●

第二天晚上，我先进行了不怎么样的静坐，才来到加油站，脑中仍充满各种思绪。没什么生意，所以我们靠坐在椅上，啜饮薄荷茶，我跟他讲起我水平欠佳的静坐。他微微一笑说：“你说不定听过这个故事，有个学禅的弟子问师父，禅最重要的是什么。禅师回答说：‘专注力。’‘是的，谢谢，’弟子回答，‘可否请您开示，第二重要的是什么？’禅师答称：‘专注力。’”

我不解，抬头看着苏格拉底，等他再说下去。

“就这样，没别的了。”他说。

我起身倒水，苏格拉底问：“你有没有仔细注意你站起来的动作？”

“当然有啊。”我回答，其实并不肯定我是否真的注意了。我走到饮水机旁。

“你有没有仔细注意你走路的动作？”他问。

“有。”我回答，开始跟上状况，玩起游戏。

“你有没有仔细注意你说话时嘴巴在动的情况？”

“嗯，我想有吧。”我说着，倾听自己的声音。我慌张起来。

“你有没有仔细注意你是如何思考的？”他问。

“苏格拉底，饶了我吧，我已经在尽力了！”

他倾身靠向我：“你的尽力显然还不够好，起码目前还不够好。你必须燃起你的专注力。漫无目的地在体操垫上滚来滚去，并不能培养出冠军选手；闭上眼睛坐着任你的心智漫游，也无法训练你的专注力。必须全神贯注，生死在此一举！”苏格拉底微微一笑，“这倒是让我想起多年前的一件往事。”

我在一间寺院中，静坐了一天又一天，拼命想要了悟一桩公案，那是我师父交代下来的一个谜，目的是要刺激心智，见其本性。我解不开这个谜，每一次都空手去见师父。我是个迟钝的弟子，越来越气馁。他叫我继续研究这桩公案一个月，“到时候，”他鼓励我说，“你就能解开了。”

一个月过去，我尽力了，却仍解不开公案。“再研究一个星期，心中要燃起炽热的火！”他对我说。公案日夜燃烧，可是我依然参不透。

我的师父跟我说：“再参一天，拿出你全副心神。”那一天结束，我精疲力竭，告诉师父：“师父，没有用。不管一个月，一个星期，或一天，我就是参不透这个谜。”我的师父看着我许久，“再多打坐一小时吧。”他说，“如果到时你仍解不开公案，就去自杀吧。”

“一小时快结束时，面对迫在眉睫的死亡，我的觉察力突破了心智的障碍。”

“勇士为何必须静坐？”我问，“我原以为勇士之道在于行动。”

“静坐是初入门者的修炼。末了，你会学到在每一项行动中都有所冥想。静坐是一种仪式，静坐时，你练习平衡、放松和神圣的超脱。你必须先掌握好这种仪式，接着才能扩大内观，在日常生活中彻底放下。”

“身为你的师父，我会用尽我所拥有的一切方法和手段，协助你持续去做接下来的工作。要是我直接走向你，告诉你幸福的奥秘，你会连听都不想听。你需要一个人来迷住你，现身时跳到屋顶上，才有可能让你稍微感兴趣。”

“好吧，我愿意玩游戏，起码愿意玩一阵子，不过每位勇士终究都得独自上路。至于现在，我会做该做的事好把你留下来，继续学习此道。”

我感觉到受人愚弄和操纵，这让我很生气："这样一来，我就可以跟你一样，乖乖坐在这加油站里，慢慢变老，然后等吓唬单纯的学生？"话刚出口，我就后悔了。

苏格拉底却不气恼，浅浅一笑说："丹，别误解这个地方，或你的师父。人和事物并不总是像表面上所看到的那样，我是由宇宙来定义我，而非由这个加油站定义我。至于为什么该留下来，原因日后自会揭晓。你瞧，我非常快乐，你呢？"

一辆车开进加油站，散热器四周白烟弥漫。"来吧。"苏格拉底说，"这辆车正在受苦，我们搞不好得给它一枪，让它早日解脱。"我们走到这辆伤车旁边，散热器正沸腾着，车主心情恶劣，火冒三丈："怎么这么久才来？该死，我可没空耗在这里一整夜！"

苏格拉底一脸慈悲地看着他："先生，我们来看看能不能帮上您的忙，尽量把大事化小。"他请那人把车开进修车房，他把压力盖放在散热器上，查出漏气的地方。才不过几分钟的工夫，苏格拉底就把破洞焊接起来，也不忘告诉那人，过不了多久他还是得换新的散热器。"万物都会死亡、改变，就连散热器也是。"他对我眨眨眼。

车开走了，我终于领悟了苏格拉底透过言语所开示的真理。他真的非常快乐！似乎没有什么事情能影响他快乐的心情，从我们认识以来，他表现过愤怒、悲伤、强悍、幽默甚至担心，但他眼中始终闪耀着祥和、喜乐之光，即使在他热泪盈眶时也不例外。

我一面走回家，一面想着有关苏格拉底的事。每走过一盏街灯，影子就会拉长又缩短。快到家时，我把一块石头踢进黑暗中，沿着车道，轻轻走到屋后，我那车库改建的小房间，就在胡桃树枝丫下等着我。

离天亮只有几个钟头了，我躺在床上睡不着，心想我能否发现他的秘密。现在，这一点似乎比跳上屋顶更加重要了。这时我记起他给我的那张名片，我立刻起床，开灯，伸手拿起皮夹，抽出名片。我的心开始剧烈跳动，苏格拉底说过，在我真正需要他时，只要双手拿着名片，呼叫他就可以。好吧，我就来试试看。

我站了一会儿，浑身发抖，膝盖也开始打哆嗦。我双手拿着发出柔光的名片，呼叫他："苏格拉底，请来，苏格拉底。丹在呼叫。"我觉得自己像个彻头彻尾的大笨蛋，凌晨4:55，手里拿着发光的名片，对着空气讲话。什么也没发生，我随手把名片随手扔到镜台上，就在这时，灯熄了。

"怎么了？"我边嚷边转了一圈，设法去感觉他是否在屋里。就像老电影中的桥段，我向后退了一步，却被椅子绊倒，撞到床铺，反跌了个狗吃屎。

灯又亮了，假设此时有人在听得到的范围内，那人八成会以为我是个学生，在古希腊研究这门科目上有了麻烦。不然的话，清早5点多，我干吗鬼叫："天杀的苏格拉底！"

我一辈子也不会知道，这次断电是否纯属巧合。苏格拉底只说过他会来，可没说会以哪种形式来。我难为情地捡起名片，塞回皮夹时才注意到名片已经起了变化。在最后一行"诡论、幽默和改变"的下面，出现五个粗体字"**限紧急情况**"。

我大笑，立刻坠入梦乡。

• • • • • •

暑期训练已经开始，看到熟悉的老面孔真好。贺柏留了胡子，瑞克和席德正努力把皮肤晒黑，看起来比以前更修长而强壮。

我很想和队友分享我的生活点滴和我所学到的课程，却不知从何讲起。然后，我想起苏格拉底的名片。热身运动开始前，我把瑞克拉到一旁："哎，我有东西给你看。"我知道，一等他看了这张发光的名片和苏格拉底的专长后，就会想多知道一点，说不定他们统统都会想知道。

我故弄玄虚，停顿了一下才抽出名片，轻轻一弹："很特别，不是吗？"

瑞克低头看着名片，又把它反过来，然后抬头瞧着我，脸上一副茫然的表情："你在开玩笑吗？丹，我不懂。"

我看了看名片，又看了看背面。"呃，"我把纸片塞回皮夹里，嘟囔着说，"拿错了。算了，我们来做热身运动吧！"我叹口气。这下子，别人肯定更加认定我是队里的怪胎。

真是低级伎俩，我心想，竟把油墨变不见了。

那天晚上，我抽出名片，丢到桌上。"苏格拉底，希望你别再恶作剧，我已经厌倦了老是演白痴。"

他同情地看着我："哦？你看起来又像白痴啦？"

"苏格拉底，少来了。我拜托你，可不可以就此住手啊？"

"住手什么呀？"

"就是把油墨……"我眼角的余光瞥见桌子发着柔光。

勇士企业

主管：苏格拉底

专长：诡论、幽默和改变

限紧急情况！

"我不懂。"我喃喃自语，"这张名片是不是会变？"

"一切都会变。"他回答。

"这我知道，但是它是不是会消失，然后又出现？"

"一切都会消失，然后又出现。"

"苏格拉底，我拿给瑞克看的时候，上面什么字也没有。"

"这是门规。"他耸耸肩，微笑。

"你讲了等于没讲，我想知道怎样……"

"随它去吧，"他说，"随它去吧。"

● ● ● ● ● ●

夏天很快过去。我白天加强体操训练，晚上去苏格拉底那里。我们一半时间练习静坐，另一半时间则在修车房里工作，或放松喝茶。每逢此时，我会问起乔伊，我渴望再见到她，苏格拉底却什么也不肯透露。

暑假即将结束，我的心又回到即将来临的学期。我已经决定搭机回洛杉矶，探望爸妈，“勇士”暂时就停放在这儿的车库保管。我打算在洛杉矶买辆摩托车，骑车沿着海岸北上回来。

我走在电报街上，要买点东西。刚拿着牙膏走出药房时，有个瘦得皮包骨的青少年向我走来。他靠得很近，我闻得到经年累月的酒味和汗臭味。“赏点零钱吧？”他问，眼睛并没在看我。

“对不起，我没有。”我说，心中了无歉意。我走开，心里想着：“去找份工作吧。”这时我模模糊糊感到内疚起来，我刚才拒绝了一个身无分文的乞丐。接着，我又生气地想，他不应该就那样走近别人的身边！

我走过半条街，领悟到自己刚刚又接收了很多心智的噪音，因而感到紧张。一切只不过起因于有个人跟我要钱，而我不肯给。就在这一刹那，我放下，随它去。我觉得轻松了一点，深深吸了一口气，甩开紧张，把注意力转向这美丽的一天。

那天晚上，我在加油站跟苏格拉底聊我的计划。

“苏格拉底，我过几天要飞回洛杉矶看我爸妈，说不定会买辆摩托车。嘿，我今天下午才知道，美国体操协会要派我和席德与参加世界体操锦标赛的选手一起受训。他们认为我们俩很有潜力入选奥运选手，想让我们露露脸。你觉得怎样？”

我很惊讶，苏格拉底竟然蹙起眉头："该来的总会来。"

我心情昂扬，决定不理他，举步便往外走："嗯，那就告辞了，过几个星期见。"

"几个小时以后，"他回答说，"中午在喷水池跟我碰头。"

我边纳闷怎么回事，边跟他道别。

我睡了 6 个小时后，直奔喷水池。这水池是根据以前在此频繁出没的一条狗儿命名的。有几条狗正在那儿、玩水，好消除八月的暑气；几个小孩在浅水处走来走去。

就在伯克利著名的大钟塔当当敲响正午 12 点时，苏格拉底的影子出现在我脚边。"我们走一走。"他说。我们漫步穿过校园，从足球场后面爬上坡，到草莓峡谷山区。

他终于开口："丹，对你而言，带有意识的转化过程已经开始了。这是条不归路，要是试着走回头路的话，结果只会……嗯，说这个没意思，我需要知道你是不是已经献身了。"

"你的意思是说，献身某一个机构？"我开玩笑说道。

他笑道："虽不中亦不远矣。"

说完，我们默默沿着慢跑小径，走在茂密的树荫底下。

走到坡顶，城市尽在我们脚下，苏格拉底才又开口说："丹，过了某一点以后，就没有人可以帮你了。我会引导你一阵子，不过就连我也得退后，留下你独自一人。在大功告成以前，你将会承受严厉的考验，你将需要很大的内在力量，我只盼望它会及时出现。"

海湾的和风不再吹拂，暑气炽热，我却感到刺骨的寒冷。我在暑热中打着哆嗦，注视着一只蜥蜴匆匆爬过灌木丛。苏格拉底最后那句话刚入耳，我转身——

他已经不见了。

我感到莫名的惊恐，匆匆走回慢跑小径。当时我并不晓得准备阶段已经结束了，我的训练才刚要开始，而其后的磨炼险些要了我的命。

WAY OF THE PEACEFUL WARRIOR

A book that changes lives

第二部　勇士的修炼

第4章
剑已磨利

我把汽车停进租来的车库，搭上到旧金山的公交车，然后转乘机场大巴，却遇上交通堵塞，看来是赶不上飞机了。焦灼的情绪纷纷涌出，我的胃痉挛得难受，我注意到这种情况，于是运用先前修炼来的心得，把这些都放下，一切随它去。整个人果然轻松不少，我一面浏览湾岸高速公路沿途的风景，一面沉思一个现象，那就是，我渐渐学会了控制紧张的情绪，以前我老是受它的折磨。结果，我在只剩几秒钟时，顺利搭上了飞机。

我和爸爸长得很像，只不过他年纪大了，头发越来越稀疏。他到机场来接我，结实的身体套着宝蓝色运动衫，一见到我就用力和我握手，露出温暖的微笑。妈妈在公寓门前迎接我，脸上笑眯眯的，笑纹满布，煞是可爱。她对我又抱又亲，跟我讲有关姐姐、外甥和外甥女的近况。

那晚，妈妈弹了新练的钢琴曲给我听，我猜是巴赫的作品。第二天黎明，我和爸爸一起去打高尔夫球。我好想把我和苏格拉底的历险告诉他们，最后还是决定不说比较好。说不定哪天我会写下来，把一切和盘托出。回到家真好，可是不知为何，有关家的回忆，却仿佛陈年往事，感觉很遥远。

我们打完一局后，坐在健身房的桑拿室里。爸爸说：“丹，我猜你一定相当适应大学生活，你看起来不大一样了，比较放松，比较平易近人，这并不是说你以前不平易近人啦……”他搜肠刮肚，想找到恰当的字眼，但我了解他的意思。

我微微一笑，但愿他知道。

● ● ● ● ● ●

几天后，我买到了摩托车，一辆 500CC 的“凯旋”。我花了好一番工夫才骑惯，有两次差点摔下车，因为我似乎看见乔伊从一家商店走出来，但她走到路口，转个弯，又不见了。我提醒自己得集中注意力骑车。

在洛杉矶的最后一夜到了。我拿着安全帽，出门去买新的行李箱。我听见爸爸喊：“丹，小心点，摩托车一到晚上就变得很不醒目，别的司机看不清。”他总爱这么警告。

“好的，爸，我会小心。”我穿着体操 T 恤和褪色的牛仔裤，脚蹬工作靴，加足马力，冲进温暖的夜色中，觉得自己仿佛置身世界顶端，前程似锦。然而，我的未来即将改变，因为就在那一刻，与我相隔三个街区之处，有个名叫乔治·威尔森的男人正准备开车左转到西街。

我在暮色中骑着车呼啸而过，快到第七街和西街交叉口时，街灯闪烁了几下。我正要骑过十字路口，却注意到有辆白色的凯迪拉克迎面而来，闪着方向灯，示意要左转，于是我减速，大概就是这个小小的警戒心救了我的命。

摩托车刚进入十字路口，凯迪拉克却忽然加速，在我面前直接转弯。我有足够的时间思考，却没有时间做出反应。“向左闪！”我的理智不住尖叫，但是车流持续涌来，“向右偏！”我绝对避不开保险杠，“把车放倒吧！”我会滑到车轮底下。我没法选择，只能猛踩刹车。整个情影好像一场梦，我看到汽车司机惊惶的脸在我面前闪过。随着令人胆战心惊的轰然巨响，还有玻璃碎裂的清脆声音，我的摩托车撞上汽车的保险杠——我的右腿因此被压碎。接着一切加速进行，飞闪而逝。我眼前一黑。

我的身子被一撞一弹，飞过轿车上方，摔落在水泥地上，在这以后，我想必失去了意识。等我清醒过来，身体起先麻木无感，这还比较好，但没过多久，疼痛开始了，活像有把烧得火红的钳子不断夹着我的右腿，狠狠挤压，越压越紧，我实在痛得受不了。我想让这股疼痛停下来，我祈祷赶快陷入昏迷。远远地有声音传来："……不知怎么没看到他……""……父母的电话号码……""……放心，他们马上就到。"

接着我听见远方传来警笛声，有人动手摘下我的安全帽，将我抬到担架上。我低头，看到白色的骨头从长靴破掉的皮革中戳出来。救护车门砰的一声关上，我忽然想起苏格拉底说过的话："……大功告成以前，你将承受严厉的考验。"

似乎只是几秒钟以后，我躺在洛杉矶整形外科医院急诊室的 X 光台上。医生埋怨说自己很累，我的父母奔进急诊室，两人看起来很苍老，脸色发白。这时，我突然意识到这是真的，在麻木又震惊的状态下，我哭了起来。

医生手脚利落，把我脱臼的脚趾托回原位，并缝合我的右脚。过了一会儿，在手术室里，他用手术刀在我皮肤上划了长长的一条红线，划进肉里，切穿我原本灵活有力的肌肉。他从我的骨盆里取出一块骨头，移植到碎裂成四十多块的右大腿骨中，最后把一条细细的金属支架钉进臀部骨头中央，作为内部铸模。

我半昏迷了三天，麻醉药使我昏睡，勉强让我摆脱了那叫人难受、毫不留情的痛楚。第三天晚上，我在黑暗中醒来，感到有个像影子一样安静的人正坐在附近。

乔伊站起来，屈膝蹲在我的床边，抚摸我的前额，我羞愧得把头转开。她低声对我说："我一听说就赶来了。"我真希望和她分享的是我的胜利，却总是让她看到我的失败。我咬着嘴唇，尝到泪水，乔伊轻柔地将我的脸转向她，凝视我的眼睛："丹，苏格拉底要我带话给你，他请我告诉你这个故事。"

我闭上眼，专心倾听。

有位老人和他的儿子经营一个小农场，他们只有一匹用来犁田的马。有一天，马逃跑了。

“真糟糕，”邻居表示同情，“太不幸了。”

“谁知道是幸还是不幸呢？”农夫回答。

过了一个星期，马从山上回来，还领着五匹母马进了谷仓。

“太棒了，实在太幸运了！”邻居说。

“是幸运？还是不幸？谁知道呀？”老人回答。

隔天，儿子在驯马时从马上摔下来，断了一条腿。

“真糟糕，这太不幸了！”

“是不幸吗？还是幸运？”

军队来到所有的农场，强拉青年从军作战，他们嫌农夫的儿子负伤在身，没什么用处，他因此而逃过一劫。

“幸？不幸？”我苦笑，又一波痛楚袭来，我不禁咬紧嘴唇。

乔伊柔声安慰我：“丹，一切事情都有目的，就看你怎么去善用它。”

“这场意外怎么可能让我去善用什么呢？”

“丹，并没有所谓的意外，每一件事情都是一项功课。相信你的生命，一切都有一个目的，一个目的，一个目的。”她在我耳边一再低语。

“可是我的体操，我的修炼……”

“这就是你的修炼。让痛苦净化你的身心，它会把很多阻碍烧尽。”她看见我怀疑的眼神，又说：“勇士并不寻求痛苦，但是如果痛苦找上门来，他会加以利用。丹，现在休息一下吧。”她从走进来的护士身后溜了出去。

“乔伊，别走。”我喃喃说，又昏睡过去，什么都不记得。

朋友们陆续来探病，爸妈则是每天都来，不过在那些漫漫无期的昼夜里，大部分时候我都是一个人，躺在床上，注视着白色天花板，一沉思就是好几个小时，忧郁、自怜和无望等种种思绪纷至沓来。

●　●　●　●　●　●

在一个星期二的早上，我拄着新拐杖走进九月灿烂的阳光中，一跛一跛跨向爸妈的车子。我差不多瘦了十几公斤，裤管松垮垮垂挂在凸出的髋骨上，我的右腿看来像一根棍子，一侧有道长长的紫色疤痕。

在这难得没有烟尘的晴天里，一阵清新的和风轻拂过我的脸庞，风儿送来我早已遗忘的花香，不远的树梢上有鸟儿在叽叽喳喳，加上车声，为我新近苏醒的感官交织出一首交响乐。我在爸妈家待了几天，在炽热的阳光中休养，在泳池浅水处慢慢游泳，忍着痛去强迫运动我那缝合的肌肉。我吃得很少：酸奶、坚果、奶酪和新鲜水果。我渐渐恢复了体力。

朋友邀我到他们家小住数周，那儿离海边只有五条街，我欣然接受，庆幸有机会能多待在户外。每天早上我缓缓走到温暖的沙滩上，放下拐杖，坐在海浪边，倾听海鸥鸣叫和海浪拍岸的声音，然后闭上眼，静坐几个钟头，浑然忘了周遭的世界。伯克利、苏格拉底以及往事似乎都离得好远，在另一个空间，另一个人生中。

不久，我开始运动，起先慢慢来，然后加重分量。后来，我每天花上好几个钟头，在烈日下挥汗做俯卧撑、仰卧起坐和吊单杠。我小心翼翼地对自己的身体施压，先倒立，然后上下跳动，一遍又一遍，用力吐气，直到每块肌肉都发挥到极限，整个身子都发亮。接着我会单脚跳进浅浅的碎浪中，坐在那儿，幻想自己正腾空在做空翻动作，我就这样做着白日梦，直到咸咸的海水将我身上的汗水和遨游的梦想通通冲进海里。

我激烈地运动，直到肌肉像大理石雕像那样坚硬结实。我成为海滨的常客，把海和沙当作生活的方式。我有时间思考自从认识苏格拉底以来的种种遭遇，我想到生命和生命的目的，死亡和死亡的谜团。我也想到我那神秘的师父，他说的话，他生动的表情，而大部分时候，我回想的是他的笑声。

十月的暖阳逐渐演变成十一月的云层。海边的人影逐渐稀少，在这段孤寂的时光中，我享受着多年以来从未感受到的安宁祥和。我想象自己终此余生都待在海边，心底却明白，过了圣诞节我就得回学校去了。

医生告诉我 X 光检查的结果："米尔曼先生，你的腿复原得很好，应该说，是出奇地好。不过，听我一句忠告，不要抱太大的希望，由于这次意外，你不可能再做任何体操动作了。"我什么也没说。

不久，我向父母道别，搭上回伯克利的班机。瑞克到机场接我，我在他和席德那儿住了几天，后来在校园附近租到一间公寓套房。

趁还没开学，我给自己设计了一套每日练习计划：早上我会拄着拐杖走到健身房，在机器上进行力量训练，等到筋疲力尽就跳入游泳池，在水的浮力帮助下，努力在水中步行，强迫我的腿运动，直到痛得受不了为止——不到实在承受不了，我决不罢休。然后我会躺在池畔的平台，伸展肌肉，以便保持将来受训时需要的柔软度。末了，我会到图书馆读书，算是休息，直到打起瞌睡。

我打电话给苏格拉底，告诉他我回来了。他在电话中没有多说什么，只请我等到不必靠拐杖走路时再去看他。这对我倒是个好消息，我还没准备好见他。

那年，我过了一个寂寞的圣诞节——直到我的两位队友派特和丹斯来敲我的门，拉着我，说实在的，是硬抱着我上车。我们往白雪皑皑的高处走，最后在唐纳峰停下。派特和丹斯两个人跑过雪地，玩摔跤，打雪仗，滑下山丘，我则小心翼翼，在冻结成冰的大地上蹒跚行走，坐在一根木头上。

我的思绪飘回即将来临的新学期和体育馆，心里怀疑我的腿究竟会不会复原，会不会又变得结实有力。白雪从枝头落下，噗的一声掉在结冻的地上，将我从白日梦中惊醒。

回程中，派特和丹斯一路唱着小调。夕阳逐渐西下，我望着晶莹的雪花在我们四周飘扬，雪片经车灯一照，熠熠发光，亮晶晶的。我想到我那已脱离正轨的未来，但愿自己能将混乱的心智抛诸身后，把它埋葬在山路旁的雪堆里。

假期结束后不久，我回到洛杉矶，看医生。他给了我一根亮得耀眼的黑手杖取代原来的拐杖。之后我又回到学校，也回到苏格拉底那里。

● ● ● ● ● ●

那是星期三晚上11:40，我一拐一拐走进办公室，看见他容光焕发的脸，我明白，我回家了。我差一点忘了，在静静的夜里和我的老师父坐着喝茶，是什么样的滋味。那种喜悦比我在运动场上得到的一切胜利都来得微妙，而且在很多方面更加恢宏巨大。我看着这个人，他已成了我的导师，我看到了以往从来没有看见的事物。

以前我就注意到，似乎有光笼罩着他，但我以为那是我眼睛疲劳的关系。然而此刻我并不疲倦，的确是有光，那是种朦胧的光辉，“苏格拉底，”我说，“你的身体周遭有闪亮的光，光是从哪来的？”

“清净的生活。”他笑了笑。这时服务铃响了，他出去，表面上是替某人加油，其实是带给人欢笑。苏格拉底替人加的不只是汽油，也许还包括那种光辉、那股能量或情感。总之，人们离开时，往往会比来时还要快乐一点。

不过，他最令我深受感动的，并不是那种光辉，而是他的纯真，他那干净利落、毫不拖泥带水的举止。我以前没有真正了解、欣赏这一切，而似乎我每学到一堂新的课程，就更深入洞悉苏格拉底这个人。我逐渐看清楚自己复杂的心智，在这同时，我领悟到他早已超越了他的心智。

等他回到办公室时，我问道：“苏格拉底，乔伊现在在哪里呢？我是不是很快就会再见到她？”

他好像很高兴又听到我发问，微微一笑：“丹，我不知道她在哪儿，这女孩叫我摸不清，一直都是这样。”

接着，我跟他讲我的车祸和后遗症。他专注地静静倾听，不时点头。

“丹，你不再是一年多前走进这间办公室的那个傻小子了。”

“一年了吗？好像是十年啊。”我开玩笑，“你是说我不再是个傻子了？”

“不，我只是说你已经不小了。”

“嘿，苏格拉底，这可真是叫人感动啊！”

“丹，眼下你只是个有灵性的傻子，这其间差别可大着呢。你仍然有找到大门的机会。”

“什么大门？”

“勇士的领域由一扇大门所守卫，那门藏匿得很隐秘，就像深山里的寺院。有很多人敲门，但只有很少人进得去。”

“好吧，告诉我大门在哪儿，我会找到进门的路。”

“土包子，没那么简单。这扇门存在于你的心中，你必须自己找到它。不过，你还没有完全准备好，还差得远呢。如果你现在就企图进门，几乎可以说是自掘坟墓。你得先完成很多工作，才能准备好通过这扇门。”

苏格拉底说话的语气好像在宣示什么：“丹，我们已经谈了很多，你也见过幻象，学到过教训。现在时候到了，你得对自己的行为全权负责。要找到大门，你就得遵守……”

“门规？”我插嘴。

他笑了。这时服务铃响了，一辆汽车平稳驶过雨水积成的水洼，开进加油站。苏格拉底穿着斗篷雨衣，很快走进毛毛雨中，我则隔着雾蒙蒙的窗子往外看。我看得到他把加油枪插进去，绕到驾驶座那一侧，对车里一个金发蓄胡子的男人说了什么。

窗子又起雾了，我连忙用袖子擦干净，及时看到他们在大笑。苏格拉底打开办公室门，一阵冷风毫不留情地向我扑来，这时我才发觉身体很不舒服。

不过，苏格拉底开始泡茶时，我依然开口说：“苏格拉底，你请坐，我来泡茶。”他坐下，点头表示同意。我靠在桌边喘息了一会儿，觉得头晕眼花。我的喉咙很痛，喝点茶说不定会舒服一点。

我一边把水灌进茶壶里，把壶放在电炉上烧，一边问道：“那么，我是不是必须开拓某种通往大门的内在道路？”

“对，人人都必须如此。你得靠自己的努力来开拓这条路。”像是预期到我会提问题，他马上接着说：“我们每个人都有能力找到并通过这扇门，可是只有少部分的人有兴趣这么做。这是非常重要的。我之所以决定教导你，并不是因为你拥有罕见而独特的才能，老实讲，你虽然有优点，不过也有很明显的缺点，但是你拥有完成旅程的意志力。”

这些话激起我的共鸣：“苏格拉底，我想你可以将这个旅程比喻为体操。一个人就算过重、身体无力或僵硬没弹性，也都可以变成优秀的体操选手，只不过是训练期较长，过程也比较艰难而已。”

“没错，正是这样。而有件事我可以告诉你：你的道路将又陡峭又崎岖。”

我发着烧，浑身酸痛。身子往桌边一靠，眼角余光看到苏格拉底走过来，手伸向我的脑袋。我心想，哦，不要，不要是现在，我还没准备好。可是他只不过摸了摸我又湿又黏的前额，接着检查我的扁桃体，仔细观察我的脸和眼睛，测量我的脉搏。

“丹，你的能量失去平衡，你的脾脏大概肿起来了。我建议你去看医生，今晚就去，现在就去。”

我踉跄着走到考尔医院时，已经难受到了极点，我的喉咙灼热，身体发痛，医生证实苏格拉底的诊断准确无误，我有严重的单核白细胞增多，脾脏因此肿得厉害。我住进了医院。

• • • • • •

头一个晚上，我持续不断发烧，梦见自己一条腿巨大，另一条腿萎缩。设法在单杠上摆荡或翻转，可是一切都不对劲。我的病情一再恶化，直到次日下午接近傍晚时，苏格拉底捧着一束干花走进来。

“苏格拉底，”我有气无力地说，很高兴他能来看我，“用不着这么客气。”

“这是应该的。”他回答。

“我会请护士把花插进瓶子里，我看到了就会想起你。”我虚弱地笑了笑。

“这不是给你看的，是给你吃的。”

他离开了房间，过了几分钟后拿着一杯热开水回来，压碎了一些花，用他带来的棉布包起来，再把茶包浸在水里，“这茶会增强你的体力，而且有助于清血。来，喝吧。”味道苦苦的，药味很重。

接着他拿出一小瓶黄色的液体，里头浮着更多压碎的草药，然后他把液体倒在我右腿疤痕的部位，用力按摩。我在想，那位长得挺漂亮、做事一板一眼的年轻护士要是现在走进来，不晓得会说什么。

“苏格拉底，瓶子里这黄色的玩意是什么啊？”

“泡了草药的尿液。”

“是尿！”我边说，边嫌恶地把脚抽开。

“别傻了。”他说着，抓住我的脚，硬拉回去，“根据古老的疗法，尿可是很受推崇的灵药。”

我闭上疲惫又疼痛的眼睛，脑袋像混乱的鼓声似的，咚咚咚震动得很厉害，我觉得体温又升高了。苏格拉底把手放在我头上，然后扶着我手腕，替我把脉。“很好，草药开始生效了。今天晚上是危险期，等到明天，你就会好多了。”

我勉强发出几乎听不见的声音：“苏格拉底医生，谢了。”

他伸出手，放在我的胸口。几乎就在同一瞬间，我体内的一切都被强化了，我以为我的头就要爆炸，热度开始烧灼着我，我的扁桃体扑通通地跳动，最糟糕的是，我右腿受伤的部位像在燃烧一般，痛得要命。

“住手，苏格拉底，住手！”我喊道。

他把手拿开，我瘫在床上。

“我刚才运了一点气到你的身体里，分量比你习惯的多了一点。这会加速你的痊愈，它只会在有肿块的部位燃烧，只要你摆脱障碍，只要你的心智清明，心灵开放，身体不再紧张，你就会体验到这股气是一种无法言传的快感。你会以为自己置身天堂，而就某方面而言，这样想并没错。”

“苏格拉底，有时候我真被你吓得半死。”

“勇士心中总是常存敬畏，”他道笑，“你看来也像位勇士：由于受过体操基本训练，身体苗条、结实又强壮。不过，你还有很多工作得做，这样才能获得我所享有的这种生命力。”

我太虚弱，没力气和他争论。

护士走进来：“米尔曼先生，该量体温了。”她一进来，苏格拉底便礼貌地起身。我躺在床上，面色苍白，一副凄惨的模样。那一刻，我比以前更强烈感觉到我们俩之间真是天差地别。护士对苏格拉底微笑，他以一笑回报。“我想您的儿子稍微休息一下，就会没事了。”她说。

“我就是这样跟他说的。”苏格拉底说，眼睛闪闪发亮。她又对他再次微笑，她有没有对他抛媚眼啊？白衣窸窣作响，她悄悄走出病房门。

苏格拉底叹了口气：“女人一穿上制服，就是有点与众不同。”说完一手放在我的前额，我随即坠入梦乡，睡得很深很沉。

第二天早上，我觉得自己像变了一个人，医生检查我的脾脏，摸摸我肿大的扁桃体，再查看了一下病历表，然后他扬起眉毛，一脸惊讶：“米尔曼先生，我找不出来你有什么不对劲了。”他的语气几乎带着歉意，“你午餐后就可以回家了。要多多休息。”他边瞪着我的病历表，边走出去。

护士窸窸窣窣，又经过我的房门。

“救命哪！”我嚷道。

“怎么了？”她说，迅速走进来。

“护士小姐，我真不明白。我想我的心脏有问题，只要你一经过，我的心就会色色跳。”

“你的意思是乱跳吧？”她说。

“怎么讲都行啦。”

她微笑：“听起来，你已经好到可以回家了。”

“大家都一直这样跟我说，可是我肯定需要私人看护。”

她眨眨眼，转身离开。“护士小姐，别丢下我不管哪！”我喊道。

那天下午，我步行回家，十分惊讶腿部伤势竟然大为好转。虽然我仍旧一脚高一脚低，跛得很厉害，每走一步，臀部就歪向一边，但是我几乎不必靠手杖，就可以走路。苏格拉底的尿液，或者他替我运的气里头，说不定真有什么神奇疗效。

● ● ● ● ● ●

学校开学了，我又被同学、书本和作业团团包围，然而对于现在的我来说，这些都是次要的。我游戏照玩，却不放在心上。在转角的那个小加油站里，我有更重要的事情要做。

我睡了一个长长的午觉，然后走到加油站。才刚坐好，苏格拉底就说：“我们有工作要做。”

“什么工作？”我边说，边伸懒腰，打呵欠。

“一次彻底的翻修。”

“哦，大工程吗？”

“当然，我们要翻修翻修你。”

“哦，是吗？”我说，心里想着，哎呀，管他的。

“你就像凤凰一样，即将浴火重生。”

“我希望这只是个比喻。”

苏格拉底正要开始行动：“现在，你是团乱七八糟、纠缠不清的扭曲线路和落伍程序，我们将重新装配你的种种旧有习性，它们影响了你行动、思考、梦想和看待世界的方式。目前的这个你，大部分是一连串的坏习惯。”

我快受不了他了：“去你的，苏格拉底，我刚克服了一些障碍，并且正在尽力而为。你能不能多少尊重我一下？”

苏格拉底把头往后一仰，笑了起来。他走到我身旁，把我的衬衫拉出来，我把衬衫塞回去，他又把我的头发拨乱。“大丑角啊，你给我听好，人人都想得到尊重，可是光讲‘请尊重我’并没有用。你必须以值得尊敬的行为，来博取他人的尊重。而想博取勇士的尊重，可不是一件容易的事。”

我数到十，深吸一口气，然后问：“那么，伟大又令人敬畏的勇士啊，我该如何博取你的尊重？”

“改变你的行为就行了。”

“什么行为？”

“那还用说，就是你那种‘我好可怜’的行为呀。别再以平庸为荣，拿出一点精神来！”苏格拉底笑着，纵身一跳，开玩笑地在我脸上拍了一下，又戳戳我的腰。

“住手！”我吼道，没心情配合他的玩笑。我伸出手，想抓住他的臂膀，他却轻轻一跃，跳上办公桌，冲着我脑袋的方向跳下来，转了个身，把我往后推到沙发上。我气得爬起来，想要推他，但是刚碰到他，他便朝后方腾空一跳，越过桌面。我整个人趴倒在地毯上。

“该死！”我气急败坏，七窍生烟。他溜出门口，到修车房去，我一拐一拐地追在后头。

苏格拉底坐在保险杠上，搔着脑袋。“怎么，丹，你生气了。”

“你的观察力倒是敏锐得惊人。”我气冲冲地说，上气不接下气。

“很好！”他说，“碰到这种窘境，你是应该生气。生气和任何一种情绪都没有什么不对，只不过你得注意自己的行为。”苏格拉底以灵巧的手势开始替一辆福斯汽车换火花塞。“怒气是有力的工具，可用来转换旧习，”他用火花塞扳手拔掉旧的火花塞，“然后用新的习惯来取代。”他把新的火花塞装进汽缸，用扳手轻轻一旋，将它拧紧，“恐惧和忧伤会抑制行动，怒气则会激发行动。一旦你学会善用怒气，就可化恐惧和忧伤为怒气，接着化怒气为行动。这正是内在魔法里的身体秘密。”

回到办公室，苏格拉底从饮水机里倒了水，把今晚的特效茶玫瑰果浸到水里，接着往下讲。

“想要铲除旧习的话，不能把全部的精力都集中在摒弃旧习，而是得集中在建立新的习惯上。”

“如果我连自己的情绪都控制不了，又怎么能控制自己的习惯呢？”

“你不必控制情绪，”他说，“情绪就跟气象变化一样，是自然现象，有时是恐惧，有时是忧伤或愤怒。情绪并不是问题所在，关键在于如何将情绪的能量转化为积极的行动。”

我起身，从电炉上拿起发出笛声的茶壶，把滚烫的水注入马克杯里。

“苏格拉底，你能不能举个明确的例子？”

“去花点时间看看小婴儿。”

我微笑着吹了吹我的茶：“真好玩，我从来没想到婴儿还是情绪大师呢。”

“婴儿不舒服的时候，就会借着哭来表达情绪，那是纯粹的哭泣。婴儿不会东想西想，纳闷着自己该不该哭。婴儿彻底接受自己的情绪，他们任意发泄情感，发泄完了便放下。在这件事情上，婴儿是优秀的老师，学学他们，你就能化解旧习。”

一辆福特旅行车驶进加油站，苏格拉底走到驾驶座旁，我则一面吃吃笑着，一面抓着加油管，打开油箱盖。我受他方才的一番开导所鼓励，越过车顶上方大声嚷道："苏格拉底，我准备好要把那些旧习都剥光抹尽啦！"然后，我低头看看车里的人——是三位备受惊吓的修女。我顿时说不出话来，满脸涨成了猪肝红，连忙洗起车窗。苏格拉底倚着加油机台，埋首狂笑。

车子开走以后，随即又有客人上门，这次倒是叫我松了一大口气。是那位金发男人，就是蓄着卷胡子的那位。他跳下车，给苏格拉底一个大大的拥抱。"约瑟夫，看到你真好。"苏格拉底说。

"我也一样……呃，他叫你苏格拉底，是吧？"他转身看着我。

"约瑟夫，这个年轻的发问机器名叫丹，你按一次钮，他就会发问一次，真是太有趣啦！"

约瑟夫同我握握手。"这老头晚年时是否比较稳重一点了？"他问道，露出一个大大的微笑。

我还来不及跟他保证说，苏格拉底八成比以前更加冥顽不灵，老头便插嘴："哦，我真的变懒了，丹吃到的苦头可比你少多了。"

"嗯，我明白了。"约瑟夫说，拼命想保持严肃的表情，"你还没带这小伙子去跑百里，也还没带他走过燃烧的木炭吧？"

"没，才没这种事。我们才正准备开始修炼基本功，好比怎么吃饭、走路和呼吸。"

约瑟夫开怀大笑，我也不由得跟他一起哈哈大笑。"说到吃饭，"他说，"你们俩今天上午何不到小馆来当回私人贵宾？我会做一顿美味的早餐。"

我正打算告辞，早上有一堂课呢，苏格拉底却开口了："恭敬不如从命，再过半个钟头就要交班了，我们会走路过去。"

"好极了，待会儿见。"他把油钱交给苏格拉底，驾车离去。

"苏格拉底，约瑟夫跟你一样，是位勇士吗？"

"世界上没有跟我一样的勇士，"他笑着回答，"也没有人想要跟我一样。我们每个人都各有各的天赋，比方说，你体操很在行，约瑟夫则精通膳食。”

“哦，你的意思是烹调？”

“并不尽然，约瑟夫擅长料理生食，新鲜、自然、富含维生素，诸如此类。你马上就会尝到，品尝过约瑟夫的膳食魔术后，你就会受不了速食店啦。”

“他的菜有什么特别的吗？”

“说实在的，只有两点，两点都很微妙。第一，他做事的时候，全神贯注；第二，他不管做什么菜，‘爱’都是主要的材料。余味甘甜极了。”

来接苏格拉底班的，是个瘦得皮包骨的少年。他走进来咕哝了两声，算打过招呼。我们离开办公室，穿过马路，向南走去。我一跛一跛，尽量加快脚步，好跟上大步前进的苏格拉底，并避开一大早高峰时刻的车流，沿着风光明媚的小街走。

● ● ● ● ● ●

我们脚踩干燥的树叶，发出嘎喳嘎喳的声音。经过一列列各形各色的住家建筑，有维多利亚式的，西班牙殖民风格的，新高山“放客”式的，还有像盒子一样的公寓房子，3 万名学生多半住在这样的公寓里。这些五花八门的建筑物构成了伯克利的特色。

我们边走边谈，苏格拉底先开口：“你需要灌入分量十分庞大的气，才能冲破心智的迷雾，找到通往大门的路。因此，务必从事具有净化、再生力量的修炼。”

“那你能再替我运一次气吗？”

“当然可以。我们要把你清扫干净，分解开来，再拼回去。”

“哦，你一开始怎么不先说清楚啊？”我打趣道。

“你需要净化每一项人类机能，好比移动、睡眠、呼吸、思考、感觉，还有吃东西。在人类所有活动中，吃的重要性数一数二，应该先加以安定。”

“苏格拉底，等一下。在吃的这方面，我并没有什么困扰。我很苗条，看起来还蛮赏心悦目的，我的体操运动能力也能证明我有充沛的能量。在我的饮食中做一些改变，哪儿能造成差别啊？”

“你目前的饮食或许的确给了你‘充沛’的能量，”他边说，边抬头看着一棵漂亮的树，阳光透过枝丫洒落地上，“但也使你昏沉无力，影响你的心情，并且削弱你的觉察力。”

“改变饮食又怎么会影响我的能量？”我辩驳道，“我的意思是说，我摄取热量，而热量代表着能量。”

“在某种程度上，这话并没错，可是勇士必须体会到更微妙的影响。我们主要的能量来源是太阳，然而一般说来，人类——也就是你……”

“承蒙认可，谢谢。”

“依你现阶段的进化过程，除了有限的方式外，你并没有办法‘吃阳光’。一旦人类发展出这种能力，消化器官便会退化，生产通便剂的公司就得关门大吉。至于眼前，恰当的饮食可以让你尽量直接利用太阳的能量。这股能量能帮你集中注意力，把你的专注力磨成锋利的刀刃。”

“只需要禁口不吃甜甜圈就行了吗？”

“还有其他一些杂七杂八的东西。”

“有位日本奥运体操选手跟我说过，要紧的是你的好习惯，而不是你的坏习惯。”

“那表示说，你的好习惯必须变得强而有力，好消除那些没有用的习惯。”苏格拉底指着前面路上的一家小馆子。我常经过，却从来没注意到。

“那么，你相信自然食物？”我问，这时我们正穿越马路。

“重点不在于相不相信，而在于做不做。有一点我可以告诉你：我只吃有益健康的食物，而且只吃我需要的分量。你如果想辨别什么才是你说的‘自然’食物，就得磨利锻炼的本能，你必须变成一个自然人。”

“在我听来是要禁欲的，你难道不会偶尔吃点冰激凌吗？”

“丹，比起被你称为‘适量’的暴饮暴食，我的饮食乍看之下或许太简朴。但是我吃得津津有味，因为我培养出一种能力，可以品味、欣赏最简单的食物，你将来也可以的。”

我们敲敲门。“请进请进。”约瑟夫热情地说，欢迎我们光临他的小馆。这里看起来很有居家气氛，地上铺满了厚厚的地毯，各处安置着光滑的厚实原木桌，柔软的直背椅看起来像是古董。墙上挂着壁毯，只有一面墙例外，摆着几乎占去整面墙的巨大水族箱，里头有五彩缤纷的鱼游来游去。晨曦穿过上方的天窗洒落下来，我们就坐在天窗下，沐浴在暖和的阳光里，偶尔有云飘过头顶，才遮住阳光。

约瑟夫把两只盘子高举过头，走向我们，以优美的姿势将盘子放在我们面前，先替苏格拉底上菜，再替我上。“看起来很好吃！”苏格拉底边说边把餐巾塞进衬衣脖领处。我低头看，只见面前有个白色的盘子，盘上只有一片胡萝卜和一片莴苣生菜。我惊愕得两眼发直。苏格拉底看到我的表情，笑得差点从椅子上跌下来，约瑟夫则笑得必须倚靠在桌上。“啊，”我松了口气说，“只是个玩笑。”

约瑟夫二话不说，拿走盘子，端着两个漂亮的木碗回来，碗中各有一座雕琢完美的小山。小山本身是甜瓜和蜜瓜；一粒粒的胡桃和杏仁，每粒都分别加以雕刻，变成褐色的圆石；崎岖的峭壁是苹果和薄片奶酪做成的；树则由许多片欧芹拼成，每棵树都修剪成完美的形状，好像是盆栽；山头覆盖着白雪，那是酸奶制成的霜状糖衣；山脚四周有对半切好的葡萄，还有一圈新鲜草莓。

我坐在那儿，看得目不转睛。“约瑟夫，太美了。我舍不得吃，我想替它拍照。”我注意到苏格拉底已经吃了起来，他一如既往，细嚼慢咽。于是我也开始攻向小山，按照我一向的作风，大口大口吃得稀里哗啦。我快吃完时，苏格拉底突然狼吞虎咽了起来，我瞬间领悟到，他是在模仿我。我尽量小口小口地吃，学他那样，每吃完一口就深吸一口气，可是速度慢得简直叫人心灰意懒。

“丹，吃的乐趣并不只在于食物的滋味和肚皮饱足的感觉而已，学学享受整体的过程——之前的饥饿，细心地调理，把餐桌布置漂亮，咀嚼，深呼吸，嗅嗅味道，品尝滋味，咽下，用餐后那种轻盈却洋溢着能量的感觉，以及在食物消化了以后，你甚至能享受到轻易便将食物充分排除的过程。一旦你全神贯注于过程当中的每一个元素，就会开始欣赏简单的饮食。

“你目前的饮食习惯，有一点想来是很讽刺的。那就是，你一方面害怕错过哪一餐，另一方面却从未充分去体会你吃的每一餐。”

“我才不怕错过哪一餐呢。”

“听到你这么讲，我真高兴。这样，下个星期你就不会太难受了。”

“啊？什么？”

“这一餐是你接下来七天当中的最后一餐。”苏格拉底解说起我即将展开的净化断食计划的大致内容。稀释的果汁和不加糖的花草茶是我仅有的食物。

“等等，苏格拉底，我需要蛋白质跟铁质来帮助我的腿痊愈，还需要热量来练体操啊。”

但是，说了也没用，苏格拉底这个人有时候很不讲道理。

我们帮约瑟夫做些琐碎的杂事，谈了一会儿，向他道谢以后就告辞了，这时我的肚子又饿了。我们走回校园的途中，苏格拉底扼要说明我必须遵守哪些戒律，好让身体恢复自然本能。“几年以后，就没有守规则的需要了，你可以尽量实验并信赖你的本能。不过眼前呢，你必须戒掉精制糖、精制面粉、肉类、咖啡、酒精、烟草，只能吃新鲜水果、蔬菜、未精制的五谷杂粮和豆类。我不认可走极端的做法，但是就目前来说，你的早餐应该吃新鲜水果，偶尔可以加点优酪；午餐是主要的一餐，应该吃生菜沙拉、烤或蒸的马铃薯，还有全麦面包或煮熟的五谷杂粮；等到晚餐时也是吃生菜沙拉，偶尔吃稍微清蒸过的蔬菜。每一餐都要善加利用没有加盐的生种子和坚果。”

“苏格拉底，我看，你早就是坚果专家了。”我发着牢骚。

回家的路上，我们经过一家社区杂货店，我正打算进去买饼干，忽然想起来，我再也不准吃市售的饼干了。接下来的六天又二十三个小时，我根本什么也不准吃。

“苏格拉底，我肚子饿了。”

“我从来就没说过勇士的修炼会是件轻而易举的事。”

我们经过校园时，正好是下课时间，广场上人山人海。我以渴慕的眼神凝视着漂亮的女生。

苏格拉底碰碰我的臂膀：“丹，这倒提醒了我，饼干并不是你暂时得戒除的唯一可口东西。”

我停下脚步：“你能不能讲得再具体一点？”

“没问题，在你没有充分成熟以前，请把你那话儿保留在裤裆里。”

“可是，苏格拉底，”我好像生命受到审判似的，连忙辩称，“这简直就像清教徒，不合理又不健康。禁食是一回事，但这是完全不同的另一回事啊！”我开始引用“花花公子哲学”、阿尔伯特·艾里斯、罗伯特·里默和萨德侯爵等人的论述，甚至还引用了《读者文摘》和《艾比夫人信箱》，可是他通通不为所动。

他说：“我用不着说明理由，反正你必须在新鲜的空气、新鲜的食物、新鲜的水、新鲜的觉察力和阳光当中，找到未来将令你震撼的事物。”

“我怎么可能达到每一项要求？”

“想想佛陀对弟子说的最后一句话。”

“什么话？”我问，等待开示。

“尽力而为。”他话一说完，便消失在人群中。

● ● ● ● ● ●

接下来的一个星期，我的净化断食计划紧锣密鼓地进行着。我的肚子咕噜咕噜叫，苏格拉底却每晚替我排满“基本”练习，教我怎样更深沉更徐缓地呼吸。我卖力苦学，竭尽所能，却觉得昏昏欲睡，眼巴巴地盼望着赶快喝到我（恶心）的稀释果汁和花草茶，梦想着牛排和甜面包。而我以前甚至谈不上特别爱吃牛排和甜面包！

第一天他叮嘱我用腹部呼吸，第二天又叫我用心脏呼吸。他开始挑剔我走路的样子、我说话的样子，还有我“心智在神游太虚”时，眼睛在房内四处滴溜溜转的样子。他好像对我样样都不满。他一而再、再而三地纠正我，有时温和，有时严厉：“丹，姿势必须恰当合宜，才能融入地心吸力；心态必须恰当合宜，才能融入生命。”诸如此类。

断食到第三天最难受，我虚弱又暴躁，头痛欲裂，还有口臭。“丹，净化过程中必然会发生这些情形，你的身体正在大扫除。”他告诉我。等到练体操时，我只能这里躺躺、那里躺躺，做做伸展运动而已。

到了第七天，我竟然感到浑身舒畅，饥饿感消失了，取而代之的是一种舒服的慵懒和轻盈的感觉。同时，我的体操练习居然也有了进步，虽然有一条腿虚弱无力，我仍卖力受训。我觉得放松，身体也比以前更柔软。

第八天，我恢复进食，先吃少量的水果，而我得拿出全部意志力，才不会大吃大喝苏格拉底准我摄取的食物。

他可不容我抱怨或回嘴，其实，除非绝对必要，他根本不准我讲话。“别再叽叽喳喳，言不及义。”他说，“从你嘴里出来的东西，和进去的东西一样重要。”我学会省思我大部分比较空洞的闲话，一旦我开始抓到诀窍，少讲点话其实感觉还蛮不错的。我觉得自己多多少少变得比较沉着镇定，但是过了几个星期以后，我渴望能和他多聊个几句。“苏格拉底，跟你赌十块钱，赌我可以让你说话超过两个字。”

他摊开手，掌心向上，说："你输。"

鉴于我以往在体操方面的优异成就，我以为在我接受苏格拉底的训练时，过程必定也很顺利。可是没过多久我就发觉，苏格拉底之前说的一点也没错，这的确不是一件轻而易举的事情。

我主要的难题在于怎样和朋友维系交情。我和瑞克、席德约女孩子到饭馆吃比萨饼，包括我的约会对象在内，大伙合吃特大号的腊肠比萨，只有我没吃，反而点了份小的素食全麦比萨。他们喝奶昔或啤酒，我则只喝苹果汁。饭后，他们想去冰激凌店，别人捧着圣代大快朵颐，我却点了矿泉水，最后只有拼命吸吮冰块的份儿。我看着他们，羡慕得要死，他们回望着我，眼神好像在说我有点精神失常。也许他们是对的。总之，我的社交生活在戒律的重重压迫下，逐渐分崩离析了。

我开始会绕道，多走好几条街，只为了要避开校园附近的甜甜圈店、小吃摊和露天餐厅。我的渴望和冲动似乎越来越强烈，但我竭力反抗，要是我为个果酱甜甜圈而灭了志气，哪有脸去面对苏格拉底？

不过，时日一久，我开始感到反抗欲越来越强，尽管苏格拉底摆出一副阴沉脸色，我还是对他发牢骚说："苏格拉底，你变无趣了，变成一个平庸又性情乖僻的老头；你的身体甚至不再发光了。"他怒视着我："再也没有魔术花招了。"他只说了这一句话。就这样——没有花招，没有性，没有马铃薯片，没有汉堡，没有糖果，没有甜甜圈，没有趣味，没有休息，里里外外都只有戒律。

一月好不容易过去了，二月也飞逝而去，现在连三月也快过完，体操队快要结束这一季的训练了，我没有入选。

我又跟苏格拉底谈起我的感受，他没安慰我，没表示支持。"苏格拉底，我成了不折不扣、只注重精神世界的童子军，朋友再也不想跟我一起出去，你害我渐渐没有生活了！"

他却只是关注他的工作，随口说："你，尽力而为吧。"

"噢，真谢谢你这番激励人心的加油打气。"我开始觉得怨恨，我竟然让别人——即使是苏格拉底也算在内，指挥我的生活。

不过，我依然咬紧牙关，坚持遵守每项规矩，直到有一天我正在练体操时，那位漂亮的护士走进来，就是那位在我住院时，曾经在我的春梦中领衔主演的小姐。她安静坐下，注视着我们做高空动作。我注意到，体育馆里的每个人几乎立刻受到鼓舞，涌出新的能量，我也不例外。

我假装专心练习，不时用眼角余光偷瞄她一眼。她的丝质紧身裤和露背上衣抓住我的注意力，我的心思游移不定，想着某些较有情色意味的动作。在接下来的练习过程中，我时时刻刻都强烈意识到她对我的注目。

训练快结束时，她消失不见了。我冲了澡，换好衣服，走上楼梯。她就在楼梯顶上等着，以诱人的姿势斜倚着栏杆。我甚至不记得自己是怎么爬完最后那些阶梯的。

"嗨，丹·米尔曼，我是薇乐莉，你的气色比在医院时好多了。"

"我是好多了，薇乐莉护士，"我笑笑，"多谢你的照顾。"她笑了起来，伸个懒腰，姿态迷人。

"丹，送我回家好不好？快要天黑了，而且有个陌生人老在跟踪我。"

我正要提醒她说现在已经四月初了，还有一个小时太阳才会下山，可是转而又想："管他的，应该没什么大不了的。"

我们边走边聊，结果在她家共进晚餐。她开了瓶"专供特殊场合喝的特殊的酒"，我只啜了一小口，但这却是末日的开始，我的身体嘶嘶叫，比铁板上的牛排还要热。有那么一刻，有个微弱的声音在问："你是个男子汉，还是个窝囊废？"另一个微弱的声音回答说："我是个好色的窝囊废。"那天晚上我彻底弃绝加诸我身上的所有戒律，她给我什么我就吃什么。先是一碗蛤蜊浓汤，然后是沙拉和牛排，至于甜点，我尝了好几份的薇乐莉。

此后三天，我睡得不大好，一心只想着要如何向苏格拉底坦白认罪。

我做好最坏的打算后，走到加油站，把一切和盘托出，接着屏息以待。苏格拉底有好一会儿没开口，最后说："我注意到你还没学会呼吸。"我还来不及回答，他便举起一只手："丹，我能了解你为何选择冰激凌甜筒以及跟漂亮的女人调情，而不是选择你的修炼。可是，你能了解吗？"他停顿半晌，"没有赞美，没有责怪。这下子你了解你的肚子和命根子里那股压抑不了的饥渴了。这样很好。不过，有一点你得想想，那就是，我曾请你尽力而为。你这样算真的尽力了吗？"

苏格拉底的眼睛变"亮"，那亮光射穿了我："一月后再回来，不过要是没有恪守戒律就不必回来了。喜欢的话，尽管见那女孩，但是不论你感觉到什么样的冲动，都要重新拿出意志力。"

"苏格拉底，我会的，我发誓我会的！现在我真的了解了。"

"决心跟了解都不会使你坚强。决心是真诚的，逻辑是清晰的，但是两者都没有你所需要的能量。让愤怒增强你的决心，下个月再见。"

我知道如果我再次破戒就完了，我重新下定决心，对自己承诺，再也不让迷人的女人、甜甜圈或一块烤乳牛肉来麻木我的意志力。我要不控制住我的冲动，要不就一死。

● ● ● ● ● ●

隔天，薇乐莉打电话给我，我感觉到她的声音含有熟悉的诱惑力，不久前，那声音才在我的耳畔呻吟。"丹，我今晚好想见你，你有没有空？喔，好的，我 7 点下班，我们在体育馆见好不好？好的，那到时见。"

当晚，我带她到约瑟夫的小馆去，请她尝尝沙拉带来的美妙意外之喜。我注意到薇乐莉频频对约瑟夫送秋波，还对附近每一个会呼吸、长得帅的男士抛媚眼。

之后，我们回到她家，坐着聊了一会儿。她问我要不要喝酒，我要了一杯果汁。她摸着我的头发，轻柔地吻着我，在我耳畔喃喃低语。我忍不住动情回吻，这时我的内在有个声音大声且清晰地说：“蠢材，趁还来得及，快走。”

我站起来，深吸一口气，支支吾吾、颠三倒四地讲着蠢到极点的理由：“薇乐莉，你是知道的，你很迷人，可是我正在奉行一套，呃，个人的戒律，所以我再也不能……嗯，我很喜欢跟你一起做伴，可是……从今以后，请把我当成你的知己或兄弟，或充满爱心的……呃，神、神父。”我差点就说不出口。

她深吸一口气，抚平发丝说：“丹，能跟一个不光只是对性有兴趣的人在一起，真好。”

“啊，”我受到鼓励，“听到你这么说，我很高兴，因为我知道我们可以拥有其他乐趣，同时……”

她看了看表：“哎呀，你看都几点了，我明天一早还得上班呢。所以，丹，我要说晚安了。谢谢你请我吃晚餐，真的很棒。”

第二天我打电话给她，却一直占线。我留了言，不过她没回电。过了一个星期，我在体操练习结束后，见到她正跟队上的史考特手牵着手。我上楼时，他们与我擦身而过——靠得如此之近，我都能闻到她的香水味。她礼貌地点点头，史考特斜睨着我，对我别有用意地眨眨眼。我从来不晓得一个眨眼竟可以如此伤人。

我肚子饿得要命，光吃生菜沙拉根本不能阻止这种饥饿，我不知不觉走到炭烤店前面。嗅着滋滋作响、淋了特别酱料的汉堡的阵阵香味，记起我曾享受过的所有好时光，吃着加了生菜和番茄的汉堡，还有一大群朋友。我糊里糊涂、想也没想，直接走到柜台前，听到自己说：“请给我一客炭烤汉堡，加双份奶酪。”

服务员把东西给我，我坐下，盯着汉堡看，大口咬下。我突然领悟到自己正在做什么：在苏格拉底和汉堡之间选择一个。我把那一口吐出来，愤愤地将汉堡丢进垃圾桶，走了出去。事情结束了，我不会再受一时冲动所奴役。

那一晚标志着一个全新的开始。我开始散发自尊的光芒，感觉拥有个人力量。我知道从今以后，一切会比较容易了。

生活中逐渐累积小小的改变。我从小就有各式各样的小毛病，比方在晚上天气变凉时会流鼻涕，还有头疼、肚子不舒服以及心情阴晴不定。我以为这一切都是无法避免的正常现象，但现在，它们都消失了。

我不断感到身体散发着一种光芒及一股气。说不定这正足以说明，为什么有很多女人对我送秋波，小孩和狗儿也向我走来，想要跟我一起玩。有几位队友开始拿他们的私人问题向我请教，我不再是暴风雨里汪洋上的一叶扁舟，我开始觉得自己像直布罗陀山脉的岩石般屹立不摇。

我把这些经历告诉苏格拉底。他点点头："你的能量越来越充足了。人也好，动物也好，甚至事物都会受能量场所吸引，事情就是这样。"

"这些是门规吗？"

"是门规。"他接着又说，"不过沾沾自喜还太早，你得保持知觉，你才刚从幼儿园毕业呢。"

● ● ● ● ● ●

一学年不知不觉就结束了，考试进行得很顺利，我以前念书总要念到昏天暗地，苦不堪言，如今却不费吹灰之力，轻轻松松就能完成。体操队出发去度了个短假，然后返校接受暑期训练。我开始不用手杖走路，甚至尝试一个星期慢慢跑上几回。我继续鞭策自己遵守所有的戒律，尽量刻苦、耐劳。我竭尽所能注意自己如何吃，如何移动，如何呼吸……但我再怎么努力，却还是不够好。

苏格拉底却只管增加他的要求："既然你的能量正在累积中，你可以开始认真修炼了。"

我练习慢慢呼吸，慢到一次呼吸得花1分钟。这种呼吸练习，加上全神贯注，并与控制特定部位的肌肉搭配起来，可以像桑拿一样，让身体发热。因此不论外头气温有多低，我都觉得很舒服。

我很兴奋，因为我发觉自己逐渐培养出一种力量，就是苏格拉底在我们初识的那一晚，向我展现的那种。我头一次开始相信，说不定，只是说不定，我可以成为像他那样的和平勇士。我不再觉得被朋友排挤，反而觉得自己比他们优越。每次一有朋友埋怨自己生病了或有别的问题时，我知道只要正确进食就可以治好病、解决问题，这时我便会尽量提出忠告。

一天晚上，我带着新发掘出的自信，前往加油站。以为自己接下来肯定要学习印度或中国的古老奥秘，可是我一进门，苏格拉底就递给我一把刷子，说："去把厕所刷到亮晶晶。"往后数周，我在加油站做了很多粗活，根本没有时间从事真正的修炼。我搬轮胎，整整搬了一个钟头，然后倒垃圾，扫修车房，整理工具。和苏格拉底相处的时光，如今全被一些单调费力又令人生厌的事情所占据。

在做这些事的同时，我毫无喘息的机会，他吩咐我在5分钟内做完一件得花上半个小时的工作，接着毫不留情地批评我做得不够彻底。他不公平，不讲理，甚至会出口伤人。我正在想自己有多厌恶这种情况时，苏格拉底走进修车房。

"你没把洗手间的地板清理干净。"

"一定是有人在我清理完以后用了洗手间。"我说。

"不要找借口。"他说，"去倒垃圾。"

我气极了，一把抓起扫帚的柄，仿佛手中拿的是一把剑。“我5分钟以前才倒过垃圾，苏格拉底。你记不记得呀？你是不是老年痴呆了啊？”

他笑了：“我说的是这种垃圾，蠢材！”他拍拍自己的脑袋，对我眨眨眼。扫帚啪哒一声掉在地上。

又一天晚上，我正在打扫修车房时，苏格拉底把我叫进办公室。我坐下，一脸的愠怒，等候命令。

“丹，你还是没学会适当的呼吸，别再懒惰了，你得拿出全副精神。”

那就像压垮骆驼的最后一根稻草，令我忍无可忍。我大吼大叫：“你才懒惰，我一直在替你做每一样工作！”

他顿了一下，说实话，我觉得我在他眼底看到痛苦之色。他轻声说：“丹，你向你的师父大吼大叫，这样做并不得体。”

这时我才想起，他每次侮辱我，用意都是要让我看出自己有多骄傲、多顽劣，他还教导过我要坚韧不拔。然而已经太迟了，我还来不及道歉，苏格拉底便开口说：“丹，该是我们分开的时候了，至少眼前宜散不宜聚。等你学会礼貌，还有，学会适当呼吸以后，你可以再回到这里。学会一样，另一样就不难了。”

我难过地拖着脚走出去，垂头丧气，我的世界一片漆黑。直到此刻，我才领悟到自己如今有多么喜欢他，又有多么感激他。我边走边想着，我老爱生气、发牢骚，疑问又多，他对我却始终很有耐心。我发誓决不再像刚才那样对他怒吼。

路上，我又是孤身一人了，我更加努力地改正我那紧张的呼吸模式，结果越努力却越糟糕。我一顾着深呼吸，就忘了要放松肩膀；记得放松肩膀了，整个人就松垮下来。

过了一个星期，我回加油站去看苏格拉底，并向他请教。我发现他在修车房里修理东西，他斜睨了我一眼，指指门口，我又气又伤心，转身踉跄着走进夜色中，听见背后传来他的声音。“学会呼吸以后，想想办法改进你的幽默感。”回家的路上，他的笑声一直在耳畔奚落着我。

我走到公寓门口的台阶上，坐下来，凝望马路对面的教堂，其实眼前什么也没看到。我告诉自己：“我再也不要继续这个不可能的修炼了。”可是，我自己一点也不相信这句话。我依旧吃我的沙拉，避开各种诱惑。我顽强不屈，苦练呼吸。

● ● ● ● ● ●

一个月后，到了仲夏时节，我想起那间小餐馆。我白天忙着读书、练体操，晚上到苏格拉底那里，始终抽不出空去看约瑟夫。而现在，我难过地想着，我每天晚上都有空了。快打烊时我走进小馆，店里空空荡荡。我在厨房里找到约瑟夫，他正仔细地清洗质地细致的瓷盘。

我跟约瑟夫真是完全不一样。我矮小结实，短发，胡子刮得很干净，活脱脱就是运动员的模样；约瑟夫又瘦又高，留着柔软卷曲的金色胡子，看起来甚至有点弱不禁风。我走路和讲话都像急风，他却不论做什么都慢条斯理，十分仔细。尽管我们有这么大的差异——但说不定正因为这种差异，我才被他吸引。

我帮他排好椅子，扫地，两个人边干活边聊到深夜。即使在讲话时，我仍尽量专注于呼吸，结果因此失手打了一个盘子，还在地毯上绊了一跤。

“约瑟夫，”我问道，“苏格拉底真的叫你跑过百里吗？”

他笑了：“没有啦，丹，我的性情并不大适合从事运动。苏格拉底难道没有跟你讲过，我当过他的厨子和跑堂很多年吗？”

“苏格拉底很少谈到他的过去，可是你怎么可能当过他的跑堂很多年？你不可能超过35岁。”

约瑟夫微笑：“比那还要老一点，我52岁了。”

“真的假的？”

他点点头。那些戒律果真有不同凡响之处。

“不过，如果你没做过身体的调整，那么你都在受什么样的修炼啊？”

“我原本是个脾气暴躁又颇以自我为中心的年轻人。苏格拉底不断叫我做这做那，有很多次，我都差一点就要离开，但最后我终于学会如何给予，如何帮助，如何服务。他指引我走上幸福与和平的道路。”

“要学习服务之道，”我说，“哪里能比加油站更好？！”

约瑟夫含笑说：“要知道，他并不是一直都在加油站打工。他的生活极度不同于寻常，并且多彩多姿。”

“告诉我吧！”我催促他。

约瑟夫沉吟半晌：“苏格拉底会用他的方式，适时地告诉你。”

“我连他住在哪里都不知道。”

约瑟夫搔搔头：“说到这个，我也不知道他住哪里。”

我隐藏住失望之情，问道：“你是不是也叫他苏格拉底？不会有这么巧的事吧。”

“不是。不过他的新名字就像他的新学生一样，都很有灵性。”他微笑。

“你说他对你要求很严苛。”

“对，非常严苛。我每样事情都做得不够好，他一逮到我闷闷不乐或发牢骚时，就打发我走，一走就是好几个星期。”

“我看，在这两件事情上面，我倒也算专家。他也打发我走，期限不定。”

“为什么？”

“他说，我没学会适当的呼吸，就不准回去。天知道适当的呼吸是什么意思。”

“哦，像这样。”他放下扫帚，向我走来，一手放在我的肚皮上，另一手放在我的胸膛上。“现在，请呼吸。”

我按照苏格拉底示范过的模样，开始深深地、缓缓地呼吸。“不对，不要这么用力。”过了几分钟，我觉得腹部和胸部怪怪的，里头很温暖，很放松，是敞开的。突然间，我像个婴儿般哇哇大哭，感到莫名的狂喜。就在那一刹那，我毫不费力地呼吸，感觉上像是有什么在呼吸着我。这感觉真是好快乐，我心想，谁还需要去看电影找娱乐呀？我兴奋得简直快无法自制了！然后我又感觉呼吸再度紧张起来。

“约瑟夫，我又不行了！”

“丹，别担心，你只需要再放松一点就行了。既然你现在明白了自然呼吸是什么感觉，就会让自己越来越自然地呼吸，直到感觉正常。呼吸是身心之间、感觉与行动之间的桥梁。均匀自然的呼吸会把你带回当下这一刻。”

“会不会使我快乐呢？”

“它会使你自觉意识清明起来。”他说。

“约瑟夫，”我说着，拥抱他一下，“我不知道你是怎么做到了你做的那件事，但是我要谢谢你。”

他露出令人如沐春风的微笑，把扫帚摆到一旁，说：“请代我问候……苏格拉底。”

我的呼吸并没有立刻改进，我仍在努力又努力。但有天下午，我在做完重量训练后回家的路上，注意到我不必费力就可以完整、自由自在地呼吸，很接近我在小馆里感觉到的那种呼吸方式。

当晚，我冲进办公室，准备让苏格拉底为我的成功开心，并且要为我的行为致歉。他好像早已知道我会去，我刹住脚步在他跟前停下时，他以平静的语气说：“好的，接下来，我们要——”那口吻好像我不过是刚上了趟洗手间出来，而不是久违了六个星期的密集修炼。

“苏格拉底，你没有别的要说吗？比如说，‘小子，做得好’，或是‘看起来不错’之类的？”

“你选择的这条路上，没有赞美，也没有责怪。时候到了，你也该好自为之了。”

我先是气得直摇头，而后莞尔一笑，无论如何，我都回来了。

自此以后，我不是在扫厕所，就是在学习其他更叫人气馁的新练习，比方静坐观想体内的声音，直到能够同时听见几种为止。有天晚上，我正在做这个练习时，发觉自己被带进一种以前从未体验过的绝对祥和状态中。有那么一会儿——到底多久我并不知道——我觉得自己好像脱离了身体。这是我头一回靠着自己的努力和能量，体会到一种超自然的状态，我不需要苏格拉底伸出手来按着我的脑袋，也不需要他催眠或对我做其他什么。

我很兴奋，把这件事告诉他，他不但没向我道贺，反而说：“别为了你的体验而分了心。体验来了又去，如果你想要某种体验，那就去看电影，这比做什么瑜伽都简单多了，而且还有爆米花可以吃。喜欢的话，尽管静坐一整天，听声音，看光芒，或者看声音，听光芒，但就是不要被体验所引诱。把一切都放下，随它去！”

我像被泼了盆冷水，沮丧地说：“我之所以去‘体验’——这可是你的说法，还不都是因为你交代我这样做！”

他看着我，一脸惊异的表情：“我得告诉你每一件事吗？”

我简直快要气急攻心，没多久却笑了起来，他也笑着指着我。“丹，你刚才体验到一种炼金术般的转变，你把怒火转化为笑声。这表示你的能量水平比以前高了许多，障碍正逐渐在瓦解，说不定你还有了小小的进步。”他把扫帚递给我时，我们俩仍咯咯笑个不停。

第二天晚上，苏格拉底头一次对我的一举一动不发一语。我得到了讯息：从今以后，我必须自己注意自己。这时我才恍然大悟，他对我会有那么多的苛责，实在是出自好意，我几乎要想念那些苛责了。

直到好几个月以后，我方才了解，就在那晚，苏格拉底不再当我的“家长”，而成了我的朋友。

● ● ● ● ● ●

我决定去看约瑟夫，跟他讲我的近况。我走在路上时，有两三辆消防车从我身边疾驶而过。我并没多想，直到快接近小馆时，我看见天空一片橘红，才拔腿飞奔起来。

等我跑到那里，人群已渐渐散开。约瑟夫自己也才刚到，站在被烧成一片焦黑、满目疮痍的小馆前面。我听到他极度悲恸的嘶嚎，看见他缓缓跪下，痛哭。但当我走到他身旁时，他的脸色已恢复安详。

消防队长向他走来，告诉他火势大概起自隔壁的干洗店。

“约瑟夫，我很难过。”

“我也很难过。”他微笑着回答。

“可是刚才，你还很混乱愤怒。”

他微微一笑：“没错，当时是很愤怒。”我想起苏格拉底说过“发泄情绪，然后就随它去吧”。以前，这看来不过是一种不错的想法，但就在此时此地，在这焦黑又湿淋淋的残骸——原本是他那间美丽的小馆——前面，这位文质彬彬的勇士以身示范了如何与情绪和平共处。

“约瑟夫，这地方本来好美呀！”我摇头叹气。

“是很美，”他依依不舍地说，“不是吗？”

不知怎的，他的沉着平静令我心头不安：“你难道一点都不烦恼吗？”

他不动声色地看着我，然后说：“丹，我有个故事，你说不定会喜欢，想不想听听看？”

“嗯，好吧。”

在日本的一个小渔村里，有一名少女，她未婚，却生下一个孩子。她的父母觉得丢脸，命令她说出孩子的父亲是谁，她很害怕，不肯说，因为她所爱的那个渔夫已经偷偷告诉她，他要出去闯天下，等赚到大钱了，就会回来迎娶她。她的父母坚持要她把一切说出来，她走投无路，只好说孩子的父亲是住在山上的和尚，叫白隐。

父母听了勃然大怒，带着女婴到白隐门外，用力敲门，直到他打开了门。他们把孩子交给他，说："这孩子是你的，你得照顾她！"

"是这样吗？"白隐边说，边把孩子抱在怀里，然后向少女的父母挥手道别。

一年过去，真正的父亲回到家乡，迎娶少女。他们马上去找白隐，请求他归还孩子，"我们不能没有我们的女儿。"他们说。

"是这样吗？"白隐边说，边把孩子还给他们。

约瑟夫微笑着等我回应。

"约瑟夫，故事很好听，可是我不懂你现在为什么要给我讲这个。我是指，就在刚刚，你的小馆被烧掉了啊！"

"是这样吗？"他说。接着，我们笑了起来，我认命地摇摇头。

"约瑟夫，你跟苏格拉底一样，疯疯癫癫的。"

"丹，单单你一个人的闷闷不乐，就够我们两人用了。不过，用不着替我担心，我早就已经准备好面对改变。我应该马上就要搬到南边或北边，嗯，是南是北，都没有什么差别。"

"嗯，可别不告而别喔。"

"那么，再见吧。"他说着，一如既往，给了我一个大大的拥抱，"我明天就要走了。"

"你会向苏格拉底辞行吗？"

他笑着回答说："我和苏格拉底很少来寒暄或道别这一套，你以后会明白的。"

说完，我们就分道扬镳了。

● ● ● ● ● ●

星期五清晨三点左右，我在前往加油站的路上，经过岔口的钟塔时，我比以前都更清楚地觉察到，我还有好多东西要学。我一走进办公室，迫不及待地开口就说："苏格拉底，约瑟夫的小馆烧光了，他要离开了。"

"怪了，"他说，"小馆通常烧的是菜不是光呀。"他在开玩笑，"有没有人受伤？"他问，但脸上并未流露出愁容。

"据我所知，没有。你有没有听到我说的话？你难道一点也不难过吗？"

"约瑟夫有没有难过呢？"

"嗯……算有也算没有。"

"是啰，不过就这么一回事嘛。"话题到此结束。

接着，让我讶异的是，苏格拉底竟然拿出一包烟，还点了一根。

"谈到烟，"他说，"我有没有跟你讲过，根本没有所谓的坏习惯？"

我简直不敢相信眼前所见与耳畔所闻，我告诉自己，没这回事，什么事都不曾发生……

"你没讲过，而我在听了你的建议以后，竭尽所能地改变我的坏习惯。"

"要知道，那样做是为了培养你的意志力，并给你上一课，好让你的本能复苏。事情是这样的，不论哪种下意识的、不由自主的仪式行为，都会造成问题；然而特定的行动，比如抽烟、喝酒、吸毒、吃甜食或问愚蠢的问题，却是有好有坏。每一行动都有它的代价和欢乐之处。你如果两面都有所体会，就会变得既合乎实际，又能为你的行动负责。唯有如此，你才能自由并有意识地做出勇士的选择，也就是：去做，还是不去做。"

"俗话说，'坐时就坐，站时就站，不论做什么，都不可举棋不定。'一旦你做出选择，就得全力以赴。可别像某个牧师，在和妻子云雨时，想到祈祷，在祈祷时却又想到和妻子云雨。”

我想象起那幅画面，笑了起来。苏格拉底则喷起烟圈，个个圆圆滚滚。

“宁可尽全力而犯错，也不要瞻前顾后、小心翼翼地避免犯错。责任意味着同时领悟到欢乐和代价、行动和后果，然后做出选择。”

“听来像是‘非黑即白’，没有中庸之道吗？”

“中庸之道？”他纵身一跃，跳上桌子，“什么中庸呀，根本是伪装过的平庸、恐惧和迷惑。它是魔鬼的双关语，不是做，也不是不做，而是摇摆不定的妥协，不能使任何人快乐。中庸之道只适合平凡无奇的人、觉得歉疚的人，还有不敢采取立场的骑墙派。中庸之道是给怕哭又怕笑，怕活又怕死的人。中庸之道呐，”他深吸一口气，“是半冷不热的茶，专给魔鬼喝的！”

“可是你跟我讲过平衡、中道与中庸的可贵。”

苏格拉底搔搔脑袋：“嗯，这倒是。说不定时机已经成熟了，你该信任你体内那个知情者，也就是你内心的顾问。”

我笑着说：“苏格拉底，你开始讲道时威猛得像头狮子，结束时却温驯如一只小羔羊，你还得多多练习。”

他耸耸肩膀，爬下桌子：“以前在神学院，别人也老是这么说我。”我不知道他是不是在开玩笑。

“反正，”我说，“我还是觉得抽烟是叫人厌恶的事情。”

“我难道还没有让你了解我的信息吗？抽烟本身并不令人厌恶，抽烟的习惯才令人厌恶。我可以享受一根香烟，然后隔了六个月再抽。而我一旦抽起烟，可不会自欺欺人，说我的肺不会付出代价；我在事后会采取合宜的行动，设法抵消负面的影响。”

“我只是从来没想到，像你这样的勇士竟然会抽烟。”

他向我喷着烟圈：“丹，我从来不按照别人的想法而活，连我自己的想法都不例外。并不是所有的勇士行事作风都跟我完全相同，不过你要知道，我们全都必须遵守门规。”

“所以，我的所作所为符合你的新标准也好，不符合也好，你都要清楚一件事，那就是，我并没有不由自主的行为，也没有任何习惯，我的行动是有意识、自发、刻意并且完整的。”

苏格拉底捻熄他的烟，对我微笑：“由于你的骄傲和自以为比人优越一点的态度，你变得太呆板了。这会儿我们该来小小庆祝一下了。”他拿出一瓶杜松子酒，我坐在那儿，摇着头，不敢置信。他用杜松子酒和汽水替我调了杯饮料。

“这里有没有汽水卖？”我问。

“这里只有果汁。还有，别叫我‘老爹’！”我想起很久以前他对我说过的话。然而现在，他却给我一杯杜松子酒姜汁汽水，自己则喝着纯杜松子酒。

“这个嘛，”他边说边灌下酒，“庆祝的时刻到了，百无禁忌。”

“苏格拉底，你这么热情，我很高兴，不过我明天得练体操。”

“小伙子，拿着你的外套，跟我来。”我只有照着做。

有关那个旧金山的星期六晚上，我记得清楚的只有一件事，那就是，我们很早就出发，而且一直没停下。那晚的情景朦朦胧胧，有光，有叮当作响的酒杯，还有笑声。

相比之下，星期天早上的事，我倒记得很清楚。五点钟左右，我的头在抽痛。我们正沿着密逊路往南走，越过第四街的交叉口，晨雾弥漫，我几乎看不见街上的路标。苏格拉底突然停下脚步，直瞪着白雾，我一个踉跄，撞到他，吃吃笑了起来，然后很快就清醒过来；情况不大对劲。一个巨大的身影从雾中出现，我那早已遗忘大半的梦境闪进我的脑海中，随即又消失，因为我看到另一个身影，接着又一个，是三个男人。其中两人挡住我们的路，又高又瘦，紧张不安。第三个男人向我们接近，从他破旧的皮夹克里抽出一把匕首，我感觉到自己的太阳穴跳得厉害。“把钱交出来！”他喝令道。

我没有怎么多想，就走向他，伸手拿出我的皮夹，向前跌了一跤。他吓了一跳，冲向我，挥着刀。苏格拉底以我前所未见的快速度，一把抓住这人的手腕，一扭，把他抛到街上。另一个家伙向我冲来，碰还没碰到我一下，就被苏格拉底的旋风腿踢中他的双腿。第三个家伙还来不及行动，苏格拉底便纵身一扑，使出锁腕技巧，抓住他的手腕，一扭，就让他动弹不得。他坐在这男的身上，说："你难道不认为，应该考虑采取非暴力行动吗？"

其中一个男人正想爬起来，苏格拉底大喝一声，他便向后倒下。这时领头的那个好不容易从马路上站起，找到他的刀，然后怒气冲冲、一拐一拐地冲向苏格拉底，但苏格拉底起身一拉，就把被他压在底下的那人举起来，往持刀的男人抛过去，叫着："抓好！"他们跌倒在水泥地上，三人一阵狂怒，尖叫着一齐冲向我们，想做垂死一击。

接下来数分钟的情形一阵混乱，我还记得苏格拉底推了我一把，我倒在地上。接下来除了呻吟声外，就只有一片沉寂。苏格拉底站着，一动也不动，然后甩甩手臂，深吸一口气。

他把刀扔进下水道里，然后转身朝着我问："你还好吧？"

"除了头以外都好。"

"被打中了吗？"

"只是酒精的关系啦。到底发生什么事了？"

他转向趴在路面的那三个男人，屈膝跪下，量他们的脉搏。他以近乎温柔的动作，把他们的身子翻转过来，轻轻地这里戳戳那里碰碰，检查他们的伤势。这时我恍然大悟，他正在尽力替他们疗伤！"去叫救护车。"他说着，转向我。我连忙跑到附近的电话亭，打电话，然后我们离开，快步走到公交车站。我看着苏格拉底，他的眼底有隐隐约约的泪光，打从我认识他以来，他头一回看起来脸色苍白，非常疲倦。

回家的车程中，我们没怎么交谈。我是无所谓，一讲话反而头痛得厉害。公交车停下时，苏格拉底下车，说："下星期三请到我办公室来，小酌几杯……”我扮了个苦瓜脸，他笑了笑，继续说：“……花草茶。”

我在离家一条街的地方下车，头疼欲裂，觉得我们好像打输了，那三人这会儿仍在打着我的头。我尽量合上眼，走着最后这一小段回家的路。我心想，当吸血鬼原来就是这种感觉，阳光是可以杀人的。

我们的小小庆祝会教了我两件事：第一，我需要放松自己，看开一切；第二，至少对我而言，豪饮这回事是不值得的。况且，比起我正开始享有的愉悦之感，饮酒之乐根本微不足道。

● ● ● ● ● ●

星期一练体操时，我像拼命三郎似的，格外卖力，我还是有机会可以及时让自己准备好的。我的腿部复原情况好极了。我被一位不凡人物纳入羽翼之下，受到他的保护。

我步行回家，心中充满感激之情，激动得在公寓门外跪下，摸着土地。我抓起一把泥土，定睛凝视着在和风中闪闪发光的翠绿树叶。有那么宝贵的几秒钟，我好像慢慢融入大地。接着，生平第一次，我感到天地间有着某种赐予生命的无名存在。

这时，我那习惯分析的心智跳出来说话了：哇，这是种自发的玄秘经验。魔力顿时消失，我回到尘世里的处境，一个凡夫俗子，站在榆树下，手里抓着一把土。我在既放松又茫然的状态下，走进公寓，看了一会儿书，然后就睡着了。

星期二过得很宁静，是暴风雨前的宁静。

星期三上午，我投入课堂的洪流中。我原本认为已经永恒存在于心中的那股沉静，很快就被微妙的不安和旧有的冲动所取代。我严守戒律苦练多时，没想到竟然还会这样，真叫我失望。然后，有新的事情发生，我听到一项发自本能、强而有力的信息：旧有的冲动会继续浮现，可是冲动并无关紧要，要紧的是行动。勇士之所以为勇士，取决于勇士的行动。

起先，我以为是我的心智在搞鬼，但那并不是一个思绪或声音，而是一种笃定的感觉，知道就是知道。这就好像苏格拉底住在我身体里面，我体内有位勇士。这种感觉将长伴左右。

当天晚上，我去加油站，想告诉苏格拉底我的心智近来过动的情形，并对他讲起我的那股笃定感。我发现他正在替一辆破烂的福特水星汽车换发电机，他抬头打了个招呼，随口说："我听说约瑟夫今天早上过世了。"

约瑟夫的噩耗和苏格拉底的冷漠令我深深震撼，我不由得向后一倒，跌靠在身后一辆旅行车上。我好不容易才有办法开口问："他怎么死的？"

"我想，他死时应该很安详吧。他有白血病，很罕见的那种。病了好多年喽，他可撑了好久，这家伙真是个优秀的勇士。"他的语气流露出感情，却没有一丝明显的哀伤。

"苏格拉底，你难道不难过吗？一点点都没有吗？"

他放下扳手："这让我想起很久以前听过的一个故事。"

有个母亲因为儿子夭折而悲伤欲绝。

"我受不了这份痛苦和悲哀。"她对她的姐妹说。

"我的姐妹呀，你儿子出生前，你为他哀伤吗？"

"没有，当然没有。"消沉的女人回答。

"好啦，那你现在就不需要替他哀伤了。他只不过是回到他出生前待的那同一个地方，他的原乡。"

"苏格拉底，这故事能使你得到安慰吗？"

"嗯，我认为这个故事还不错，说不定以后你也会欣赏。"他以快活的语气回答。

“苏格拉底，我还以为我很了解你，但我从来都不知道你可以这么无情。”

“丹，不必庸人自扰，死亡可是一点害处也没有的。”

“可是，他人已经走了！”

苏格拉底轻轻笑了笑：“说不定他人已经走了，也说不定没有。说不定他从来就不曾在这里！”他的笑声响彻修车房。

我突然领悟到自己何以如此烦躁不安：“要是我死了，你是不是也会有同样的感觉？”

“那是当然！”他笑着说，“丹，有些事情你还不了解，以现在来说，你就把死亡当成一种转变好了，它比青春期的转变稍微激烈一点，可是用不着特别难过。这不过是身体的一项改变，该发生时，它自然就发生。勇士既不求死，也不逃避死亡。”

他的神情突然变得阴郁，接着又开口：“死亡并不让人悲伤。让人悲伤的是，大多数人根本就没真正活着。”这时，热泪涌上他的眼眶。我们坐在那儿，默默无语，然后我就回家了。

我刚拐进一条小街，那种笃定的感觉又出现了：悲剧对于勇士和愚人而言，是大不相同的。苏格拉底根本不把约瑟夫的死当成是悲剧，我一直到好几个月以后，在一个山洞的深处，才领悟到这个道理。我怎样都无法驱除一个想法，那就是，听到噩耗时，我和苏格拉底应该感到悲伤才对。我脑子里一片混乱，心情又难过，就这样回到家，最后总算睡着了。

到了早上，我了解到一件事：苏格拉底的反应不等同于我的期待。我发觉，设法去迎合任何人的期待，包括自己的期待，都是没有用的。我身为和平勇士，应该自己选择在何时、在何处、以何种方式来采取一举一动。我怀抱着这个使命，开始过勇士的生活。当晚，我走到加油站办公室，对苏格拉底说：“我准备好了，什么也阻挡不了我。”

他狠狠瞪着我，那眼神抵消了我连月来的修炼，我打起哆嗦。他开口，小如耳语，却似乎有刺穿人的力道："你讲这话像是个笨蛋，时机未到前，谁也不晓得自己是不是准备好。你没剩下多少时间了！每过一天，你就朝着你的死期又迈进了一大步。我们可不是在这儿玩游戏，你懂还是不懂？"

屋外狂风大作，在毫无预警的情况下，我感觉到他的手指抓住我的太阳穴。

● ● ● ● ● ●

我蹲伏在树丛里，三米外有个身高超过两米的剑客，正面朝着我躲的这个方向。他高大结实的躯干散发着硫黄臭味，他的脑袋，甚至连同他的前额，都被丑陋纠结的头发所覆盖；两道粗眉像刀痕似的，划过他充满恨意的扭曲脸孔。

他眼露凶光，怒视着一个面对他的年轻剑客。这时，出现和巨汉一模一样的五个身影，将年轻剑客团团围住。他们六人一道放声而笑，那是发自肚子深处、既像低哼又像嘲弄的笑声。我觉得很不舒服。

年轻剑客的头急速左右扭动，狂乱挥着剑，一会儿绕圈疾攻，一会儿又采取闪躲之势，在空中比来划去。他一点胜算也没有。

所有的身影一声怒吼，纵身向他扑去。巨汉的剑自他身后砍下，斩断他的手臂，伤口喷出鲜血，他痛得哀号，盲目胡乱挥剑，慌乱地做出最后的挣扎。巨剑又砍来，年轻剑客的头颅从肩膀落下，滚到地上，脸上犹带着惊恐的表情。

"啊。"我不禁呻吟，一阵恶心。然后硫黄的臭味淹没了我，我的臂膀一阵刺痛，有什么把我拉出树丛，摔在地上。我张开眼，年轻剑客断头上两只无神的眼睛，离我的脸不过几厘米，默默预示我即将面临同样的噩运。这时，我听见巨汉喉咙发出粗嘎的声音。

"傻小子，向生命说再见吧！"他的嘲弄激怒了我，我冲过去拿起年轻剑客的剑，随即翻了个身，站起来面对着他。他大吼一声，展开攻击。

我闪开，可是他那一砍的力道却震得我身子一歪，跌倒在地。说时迟那时快，他露出分身，连他一共六个人。我跳起来站好，设法牢牢盯紧原来的那个他，可是我已毫无把握了。

他们开始念念有词，声音发自肚皮深处。他们慢慢向我逼近，吟诵声变成垂死之人从喉咙发出的声音，低沉而恐怖。

这时，那感觉又出现，我明白自己该怎么做了。巨汉代表你一切苦恼的本源，他就是你的心智。他是你必须刺穿的恶魔，可别像那被击倒的勇士一样，被他欺骗了；集中注意力！说来荒谬，我当时竟然心想，拣这种时候给我上一课，太扯了吧。接着，我又回到眼前的困境。

我感觉到一种冰冷的平静，我躺下不动，闭上眼，仿佛投降了。我双手握剑，剑刃横过胸前和脸颊。幻象可以愚弄我的眼，却骗不了我的耳。只有真的剑客走路时会有声音，我听见他在我身后，他只有两个选择——走开，或者杀死我。他选择杀我。我专注倾听，一察觉到他的剑就要砍下，立刻使出浑身的力气，把剑向上一刺，感觉到剑刺穿了过去，刺破衣服和肌肉。一声骇人的尖叫传出，我听见砰的一声，他倒在地上。身体被我的剑刺穿、趴在地上的，正是那恶魔。

“你这次差一点回不来了。”苏格拉底皱着眉头说。

我奔向洗手间，吐了个痛快。我出来时，苏格拉底已经泡好加了甘草的甘菊茶：“对神经和胃都很好。”

我对苏格拉底讲起这趟旅程。“我就躲在你身后的树丛里，也看到整个经过，”他打断我的话，“有一回我差点打了个喷嚏，幸好没有，虽然我一点也不担心跟那家伙纠缠。丹，有一度，我以为我得介入了，不过你处理得相当好。”

“嗯，苏格拉底，谢了。”

“不过，你好像忽略了一点，而且因此差点要了你的命。”

这会儿轮到我打岔：“我所关心的主要的一点，就是那巨汉的剑尖。无论如何，我并没有忽略那一点。”

“是吗？”

“苏格拉底，我终生都在与幻象战斗，为每一项琐碎的个人问题钻牛角尖。我一心一意想改进自己，却没把握住最初促使我追寻生命的那个问题。我想让世上万事万物为我而奏效，却老是缩回自己的心智里，满脑子都只有我、我、我。那巨汉就是我，是我的自我，那渺小的自我，我总以为自己是伟岸的巨人，而我把它刺穿了。”

“显然如此。”他说。

“如果是那巨汉打赢了，会怎么样？”

“别这么问。”他阴沉地说。

“我非知道不可，我会不会真的就死了？”

“有可能。”他说，“最起码，你会发疯。”

就在这时，茶壶的笛声响起。

第5章
山间小径

苏格拉底把冒着热气的茶倒进两个马克杯中，开口鼓励我，这可是数个月以来，他头一次替我打气。

“你在决斗中活了下来，这意味着你已经准备好向独一目标更迈进一步。”

“独一目标是什么？”

“等你察觉到时，就已经在那里了。你的修炼现在总算可以转移到不同的领域了。”

一项改变，这是进展的迹象！我兴奋了起来，我们总算又要行动了。

“苏格拉底，”我问，“是什么新的领域呢？”

“首先，你得向内心请求，去找到答案。现在就开始，走出去，到加油站后方，垃圾箱后面，就在角落靠墙的地方，你会找到一块扁平的大石头，坐在石头上，等到你悟出有价值的事情后，再来告诉我。”

我顿了一下：“就这样？”

“就这样。坐着，直到你悟出一个值得与我分享的洞见。”

我走出去，找到那块石头，坐在黑暗中。起先，我的心头一片杂念，我想到我多年来在学校学过的所有重要观念。一个钟头过去，接着两个钟头，三个钟头。再过几个钟头，就要日出了，我越来越冷，开始放慢呼吸，煞有介事地想象我的肚皮是暖和的。过没多久，我又感到舒服了。

直到破晓，我唯一想得出来可以跟他讲的，就是有一回上心理学课时的体悟。我撑着僵痛的腿，站好，一拐一拐走进办公室。苏格拉底坐在办公桌后，一副轻松自在的模样，说："啊，这么快？好吧，是什么呢？"

我尴尬得几乎难以启齿，又希望他能满意："好的，苏格拉底，尽管我们外表有很多差异，却都有同样的人性需求和恐惧，我们想走在同一条路上，互相指引。人一旦了解这一点，就能生出慈悲心。"

"不坏，回去再想。"

"那不成问题，"他笑，"我肯定你今晚就会想出什么来。"

"今晚？可是我……"他指着门外。

我坐在石头上，身体又酸又疼。我回想我的童年，思索往事，寻觅洞见。什么都没有，我绞尽脑汁，设法把我和苏格拉底相识数月来所发生的一切，压缩成一句睿智的箴言。

我想到我此时没办法去上的那些课，还有我得对教练讲的借口。我该说什么才好呢？说我一直坐在加油站的石头上吗？听起来像疯言疯语，足以使他哈哈大笑。

太阳慢吞吞爬过天际，速度迟缓得叫人痛苦。夜幕低垂，我坐在那儿，又饿又气又沮丧，我没有想到任何可以告诉苏格拉底的，接着，就在他即将按时回来上班时，我有了灵感。我努力贯注全副的心神，我看见苏格拉底走进办公室，向我挥挥手，我更加倍地努力着。然后，午夜左右，我悟出来了。我脚麻到甚至走不动，所以先做了几分钟的伸展动作，才拖着脚步走进办公室。

"好，苏格拉底，我悟出来了。截至目前，我一直在人们的社交面具后面，看到他们共同的恐惧和激起苦恼的心智，然而这些却只让我变得愤世嫉俗，因为我看得不够深入，所以才看不出他们内在的光芒。"我想这应该是个重要的启示。

“好极了。”他宣布。我舒了一口气，正准备坐在沙发上时，他又说：“可是和我设想的不大一样。你能不能带给我更感动人的东西？”我气馁地嚷了一声，用力踏着脚步，回到我那块哲学家之石上。

“更感动人的东西。”他说了，那是不是一个暗示？我自然地回想到最近在健身房里的练习，队友像母鸡一样咯咯有声，唠唠叨叨，老担心我又让自己受伤。前不久，我在单杠上做超大幅度的摆荡动作时，有个大回环的动作发生失误，不得不从单杠上跳下来。我知道我的腿将重重着地，但是我还没着地，席德和贺柏就在半空中抓住了我，把我轻轻放下。“丹，小心点！”席德斥责道，“你又想弄断腿吗？”

然而像这些事情，跟我眼前的窘境似乎都没有关系。因此，我将知觉放松下来，希望那感觉能给我一点忠告。什么也没有出现。我浑身酸痛得不得了，再也无法集中精神了。我索性缓缓起身，练起几招太极拳，苏格拉底对我示范过这种慢动作似的中国功夫。我屈膝，以优美的姿态前后摇动，松松垂着双手，我让呼吸随着身体重心的变换而流动，心里一片空白，不经意中浮现出一幅景象。

几天以前，我缓慢而小心地跑向伯克利市中心的普罗弗广场，就在市政厅对面，紧靠着伯克利高中。为了有助于身体放松，我做起太极拳的来回摆动动作，我专注于柔软度和平衡，觉得自己像在大海中漂浮的海草。

我发觉有几个高中男生和女生停下脚步，盯着我看，我不管他们，把注意力转回身体，让我的觉察力随着太极动作而流淌。我做完全套动作以后，捡起运动长裤，套在跑步短裤外面。这时，我的注意力被两个漂亮的少女所吸引，她们正看着我，吃吃笑着。我心想，这两个女生八成对我有好感。我边想边把两条腿都塞进同一只裤管，结果当场失去平衡，跌了个狗吃屎，整个人趴倒在地上。

两个女生连同另外几个学生全都大笑起来，我起先觉得很难为情，后来索性躺在地上，跟着他们一起哈哈大笑。

我站在石头上，纳闷自己怎么会想起这件事。这时，我顿悟了。我走进办公室，站在苏格拉底的桌前，宣布："人生没有平凡无奇的时刻！"

苏格拉底微微一笑："欢迎回来。"我跌坐在沙发上，他开始泡茶。

● ● ● ● ● ●

从此以后，在体育馆的每一刻，在地板上也好，在空中也好，我都将之视为特别的时刻，值得我投入全副注意力。不过苏格拉底不止一次解释过，我还需要更多的练习，才有能力把无比锐利的注意力，灌注到日常生活中的每一分每一秒。

第二天中午过后，体操练习尚未开始前，我趁着万里晴空，艳阳高照，在红杉树林中静坐。才静坐不到 10 分钟，就有人一把抓着我，来回摇晃我的身体。我滚到一边，喘着气，弯腰屈膝半蹲半站，这才看到是谁出手攻击。

"苏格拉底，你实在太没有礼貌了！"
"醒醒吧！"他说，"工作时不准睡觉，还有事情要办呢。"
"我下班了，"我开玩笑说，"午休时间，请到下一个窗口。"
"大侠，该动一动了。去穿上跑鞋，20 分钟以后在这儿碰头。"

我回家，穿上我破旧的运动鞋，立刻赶回红杉树林，但到处也找不到苏格拉底的踪影。这时我看到了她。"乔伊！"

她打着赤脚，穿着蓝色运动短裤和 T 恤，T 恤在腰部打着结。我奔向她，给她一个拥抱。我笑着，想要推倒她，把她摔到地上，但她可不容易被推倒。我想聊一聊，跟她说说我的感想和计划，她却用手捂住我的嘴巴，说："丹，以后还有时间聊。现在，跟着我就是了。"

她开始做起一套集各家之长的动作，有太极拳、徒手体操和身心协调运动。才不过数分钟，我就感觉到轻盈、放松，精力充沛。

乔伊也不示意一下，突然就说："各就各位，预备，跑！"她拔腿就跑，穿过校园，我跟进，铆足了劲儿拼命想赶上，我们朝着草莓峡谷的山区前进。我上气不接下气，因为尚未进入跑步的状态，开始便落后了一大截。我更加拼命地跑，肺部像在燃烧，远远超前的乔伊却已经在可以俯瞰橄榄球场的坡顶停下来。我好不容易跑到她身旁时，简直快喘不过气来了。

"甜心，怎么耽搁了那么久？"她双手叉腰说道，接着又跳开，往峡谷那头跑，直奔防火小径的入口，也就是在山里蜿蜒向上的狭窄泥土路。我不甘示弱，追了上去。尽管身体疼痛不堪，我却坚持要追赶上她。

我们快到防火小径时，她放缓步伐，开始以合乎人性的速度跑步。接着，我们到了低坡小径的最低点，她居然没转弯，反而带着我上了另一个山坡，直入山区。

等我们跑到了低坡小径的尽头，她转了弯，并没有跑上高坡和低坡小径之间的连接道，这条陡峭的山路足足有四百米之长，我感激得默默赞颂起主来。我们沿着长长的下坡路往回跑，乔伊开始讲话："丹，苏格拉底请我引导你进入新的修炼阶段，静坐练习固然有益，但你终究得张开眼睛，环顾四周。勇士的生活是不断移动的经验。"

我看着地面，一边倾听，一边沉思。我回答："是的，乔伊，这我了解，因此我才在体育馆接受训练……"我抬起头，刚好看见她的倩影消失在远方。

那天下午稍后，我走进体育馆，躺在垫子上，不断做着伸展运动。直到教练走过来，问道："你是打算躺一整天呢，还是要来试试我们替你准备的其他不错的活动？我们把它叫作'体操'项目。"

自从受伤后，我头一回尝试做一些简单的翻滚动作，试试我的腿。跑步是一回事，翻滚可是另一回事，翻滚会带来疼痛，在做双腿猛然落地、同时将身体往上一推这个高级动作的时候，身体承受的压力可以高达七百多公厅。我也开始试跳蹦床，这还是近一年以来的第一次。我颇富韵律地往上弹跳，一遍又一遍做着空翻动作。我的两位蹦床队友派特和丹斯嚷道："米尔曼，放轻松一点好吗？要知道你的腿还没有复原啊！"他们要是知道我刚刚才在山区跑了好几公里，不知道会怎么说。

那晚走进加油站时，我累得几乎睁不开眼睛。我从十月的凉风中走进办公室，准备喝点安神热茶，轻松地讲讲话。早知道，我就该放聪明一点。

"过来面朝着我，像这样站着。"苏格拉底屈膝，臀部向前，肩膀向后，接着双手伸到前面，好像抓着一只隐形的海滩球："保持这个姿势，不准动。慢慢呼吸，注意听好。丹，你比大多数人擅于做动作，但是你的肌肉太紧张。肌肉越紧张，做动作时消耗的能量就越多。所以，你得学习如何释放囤积已久的紧张。"

我的腿又痛又酸，开始发抖："好疼！"

"就是因为你的肌肉硬得像石头，才会这么疼。"

"好了好了，道理你讲得很清楚了！我得维持这个姿势多久啊？"

苏格拉底却只是微微一笑，突然走出办公室，留我一人在那儿弯着腿，流着汗，身体颤抖。他回来时，带了一只灰色的公猫，它显然在前线战斗过。

"你得像奥斯卡一样锻炼肌肉，这样你的身手才能跟我们一样敏捷。"他说着，搔搔那只呼噜呼噜叫的猫儿耳后。

我的前额冒汗，肩膀和腿疼得不得了。终于，苏格拉底说："稍息。"我站直，抹抹前额，抖抖双臂。"过来，向奥斯卡介绍一下你自己。"苏格拉底搔着猫儿的耳后，它高兴得呼噜叫。"我们俩都要担任你的教练，小乖乖，是不是啊？"奥斯卡大声喵喵叫，我拍拍它，"现在，捏捏它的腿肌，慢慢来，一直捏到骨头那里。"

"我可能会弄疼它。"

"捏就是了！"

我捏猫儿的肌肉，越捏越深，直到碰触到骨骼。猫儿好奇地看着我，一边还不住地呼噜叫。

“现在来捏我的小腿肚。”苏格拉底说。

“啊，苏格拉底，我下不了手。我们还不够了解彼此。”

“笨蛋，捏啊！”我捏下去，令我意外的是，他的肌肉捏起来居然跟猫咪的一样，感觉像结实的果冻。

“轮到你了。”他说着，伸手捏住我的小腿肚。

“啊！”我疼得叫出声来，“我本来一直以为坚硬的肌肉是正常的。”我边说，边揉小腿。

“丹，肌肉坚硬是正常的，但是你必须超越正常，超越平常、普通或合理，到达勇士的领域。你一直设法在平常的领域中变得优秀，现在则要在优秀的领域中变得平常。”

苏格拉底让奥斯卡走出门，接着向我介绍体能修炼的微妙要素：“现在，你了解了心智是如何对身体施加压力的。忧虑、焦灼和其他的心智残渣经过多年的累积，形成慢性的紧张状态，如今，你该释放这些压力，把你的身体从往昔之中解放出来。”

苏格拉底把白布铺在地毯上，叫我把衣服脱掉，只留短裤。他自己也只穿着短裤。“万一有顾客上门要怎么办？”我问。他指指挂在门边的工作服。

“现在，跟着我做。”他开始把一种气味甜香的油抹在左脚上，我模仿他的一举一动，学他用力捏、按、戳进脚趾的底部、顶端、两侧和之间，同时伸展脚趾，压一压，拉一拉。“不要光是按摩皮肉，要按摩骨头，再按深一点。”他说。过了半个钟头，我们按摩好了左脚，然后按照同样程序按右脚。如此这般好几个钟头，把全身每个部位通通按摩到。我学到有关我的肌肉、韧带和肌腱的知识，这些都是我以前不知道的。我感觉得到肌肉连接的地方和骨头的形状，枉费我身为运动员，对自己的身体却那么陌生，这实在令人惊讶。

我在黎明时分穿上衣服时，觉得自己好像有了一个崭新的身体。苏格拉底招呼完一位客人后回来说："你已经清理了身体内很多旧有的恐惧，下个月起，每周一次抽时间重复这套程序。受伤的部位尤其需要多按摩按摩。"

我心想，家庭作业真是越来越多。天色渐亮，我打了个呵欠，该回家了。我正要走出门口时，苏格拉底叮嘱我下午一点整到防火小径的尽头碰面。

• • • • • •

我提早到达小径，懒洋洋地伸展身体，做热身运动。经过"骨骼按摩"后，我的身体放松而轻盈。不过因为只睡了几个钟头，仍然有点疲倦。一直下着毛毛细雨，我今天原本没有兴致跟任何人跑到任何地方去。我听到附近的树丛沙沙作响，我站着，一动不动，凝神注视。只见乔伊从树丛中走出来，她又打赤脚，穿着墨绿色短裤和绿色的T恤，衣服上绣着"快乐就是加满的油箱"字样，她看起来像是个小精灵公主。那件上衣显然是苏格拉底送的。

"嘿，乔伊，真高兴又看到你。我们坐下来谈谈吧，我有好多事想告诉你。"她浅浅一笑，随即快步跑开。

我跟在她身后跑上第一个转弯，差点在潮湿的泥土地上滑一跤。经过昨天的一番运动以后，我觉得双腿虚弱无力，没一会儿呼吸就变得急促，很庆幸她的速度比昨天慢了一点。

我们跑到低坡小径的尽头，我吃力地呼吸着，受伤的那条腿在抽动。这时她说："小乖乖，快起来。"说完就跑上连接道。我的心智在反抗，疲软的肌肉在抵制。我抬头看着乔伊轻轻松松、蹦蹦跳跳地跑上山，仿佛脚下踩的是平地。

我喊了一声，也跑上连接道，像头喝醉酒的猩猩，弯腰驼背，嘴里嘟囔着，上气不接下气，闷头直向上爬。

小径到达顶端时变得平坦了，乔伊站在那儿，嗅闻着湿松针的气味，看起来像小鹿斑比一样，安详又满足。我的肺乞求更多的空气。“我有个提议，”我气喘吁吁地说，“剩下来的路我们走上去，这样就有多一点的时间谈话。你看怎么样，这提议不错吧？”“一起来吧。”她愉快地说，又跑了起来。

我的懊恼转为愤怒，我要追她到天涯海角！我一脚踏进一摊水里，在泥泞的地上滑了一跤，还撞上一根小树枝，险些跌落山边。我喃喃咒骂，声音嘶哑，没有力气多说话。

我挣扎着爬上一座小山，感觉上好像是翻过科罗拉多洛基山山脉，然后看到乔伊蹲在那儿，正逗着一些跃过小径的野兔玩。我蹒跚着跑向她，野兔跳进树丛中，乔伊抬头看着我，含笑说：“喔，你来了。”我逞起英雄，向前倾身，设法加快脚步超过她，可是她像箭一般冲了出去，转眼又不见人影了。

我们爬了三百多米高，我在海湾的上方居高临下，看得到大学校园就在脚下，然而我的状况却让我无法欣赏风景，也没那份心情。我觉得自己就快昏倒了，眼前浮现出了一幕情景——我被埋葬在山上潮湿的泥土底下，土堆上立着墓碑，写着：“丹长眠于此，一条好汉，勇于尝试。”

雨势变大了，我恍恍惚惚，闷着头继续跑，身子向前倾，跌跌撞撞，脚步拖拖拉拉，我的鞋沉重得像铁打的靴子。接着，我跑过一个转角，看到最后一个山坡，坡度几乎是垂直的。我的心再次抗拒，身体停了下来，可是在高高的山顶上，乔伊就站在那儿，双手叉腰，好像在跟我挑战。不知怎的，我居然有办法将身子向前倾，腿也还能向前移动。我卖力前进，使劲挣扎，呻吟着爬完仿佛永无止境的最后一段路，一头撞进她怀里。

“哇，好家伙！”她笑着说，“你跑完了，大功告成喽！”我靠在她身上，上气不接下气，喘息地说：“答……对……了。”

我们步行下山，这使得我有充裕的时间恢复体力来交谈：“乔伊，这么辛苦又快速的鞭策方法，好像不大自然。我还没有真的准备好跑这么远，我想这对我的身体没好处。”

“你说得大概没有错。”她说，“可是这并不是要考验你的身体，而是要考验你的心灵，要看看你能否坚持下去。并不只是坚持爬山，而是坚持你的修炼。要是你停下来不爬，一切就结束了。但是丹，你通过考验，高分过关了。”

起风了，大雨倾盆而下，把我们俩淋得透湿。这时，乔伊停下脚步，双手抱着我的头，吻我。雨水从我们湿淋淋的头发滴落，沿着脸颊流下，我揽住她的腰，被她明亮的眼神吸引。

一股新的活力注入并充满了我的身体。我自嘲说，看我们俩淋成了这副德性，简直就像需要挤水的海绵。接着我又说："我们来赛跑，看谁先跑到山脚！”我拔腿就跑，取得先机。“管他的，”我暗自思忖，“大不了一路滑下这些天杀的小径！”结果，还是她跑赢了。

当天下午稍后，我身体干爽又暖和，与席德、盖瑞、史考特和贺柏在体育馆里，懒洋洋做着伸展运动。温暖的体育馆俨然像是怡人的避风港，阻挡了外头的滂沱大雨。虽然我之前跑得叫苦连天，不过仍留有一点精力。

● ● ● ● ● ●

当天晚上我踏进办公室，脱下鞋子时，精力却消失了。我真想啪哒一声，把酸痛的身体撂倒在沙发上，然后睡上十几个钟头。我抗拒这个蠢蠢欲动的念头，尽量保持优雅的坐姿，面对苏格拉底。

他把室内重新布置了一下，我觉得挺有意思的。墙上挂着高尔夫球选手、滑雪选手、网球选手和体操选手的照片；办公桌上摆了棒球手套和橄榄球。苏格拉底甚至穿了件 T 恤，上面印着“俄亥俄州立大学教练团”。看起来，我的修炼进入了运动阶段。

苏格拉底泡了一种具有提神醒脑作用的特别茶，他称之为“雷霆咒”，我则在旁边跟他聊着关于我在体操上的进展。他仔细倾听，接着说：“体操和其他的运动其实并不像大多数人所想的那么单纯。”

“这话怎么说？”

他把手伸进办公桌里，拿出三把看来可以杀死人的小刀。“呃，苏格拉底，没关系，”我说，“我并不真的需要你跟我说明。”

“起立。”他喝令道。我站起来，他没来由地就将一把小刀对准我的胸膛低手一抛。

我闪到一边，倒在沙发上，小刀无声掉落于地毯上。我躺在那儿，余悸犹存，心脏扑通扑通跳得特别快。

“很好，”他说：“你稍微反应过度，不过还不错。现在，起立，准备迎接下一刀。”

就在此时，茶壶哨声响起。“哦，可是，”我说，一边搓着两只冒汗的手掌，“喝茶时间到了。”

“那可以等，”他说，“仔细看着我。”苏格拉底把亮晃晃的刀刃直直向上一抛，我看着刀先是打转，而后掉落。小刀正从空中落下，说时迟那时快，他的手向下一探，握住了刀柄，那只手就像把钳子似的，把刀稳稳地夹在拇指和另外四指之间。

“现在换你试试看，注意我是怎么夹住刀子的，这样就算我不巧抓到了刀刃，手也不会受伤。”他将另一把刀向我抛来，我这回比较放松，往旁边跨了一步，试着去夹刀子，但连边也没沾到。

“要是你下一次还夹不到，我就要改成高手抛了。”他警告说。

这一次我的眼睛盯牢刀柄不放，等到小刀飞近时，我伸出手，“嘿，我接到了。”

“运动真好玩，对不对？”他说。

我们心无旁骛，专心抛刀、接刀，最后终于坐下来喝茶。

“现在，让我来跟你聊聊什么是顿悟，这是禅的观念。顿悟出现在专注于当下的时候，此时身体灵活、敏感且放松，情感则是开放而自由的。顿悟就是小刀飞来时，你所体验到的事。顿悟就是勇士存在的状态。”

“苏格拉底，你知道，我有很多次都有这种感觉，特别是在比赛的时候。我往往因为心思太集中了，甚至听不到掌声。”

“是的，那就是顿悟的体验。运动、舞蹈、音乐或其他任何一种具有挑战性的活动，都可以成为通往顿悟的途径。你以为自己热爱体操，其实体操只不过是包装纸，里头包着的礼物就是顿悟。做体操时，你必须全神贯注于你的一举一动，体操带领你进入关键时刻；你的生命处于危险之中，就像决斗的武士，不是顿悟就是死。”

“就好像翻腾两周做到一半时那样。”

“对。这说明了体操为何是一种勇士的艺术。它让人在训练身体的同时，学会集中心绪、清空杂念，但是大部分的运动员却没能把这种清明的状态，扩及到日常生活中。这就是你要做的功课了。当顿悟变成你每一天的真实体悟，我们就平等了。顿悟是你的大门钥匙。”

我叹了口气：“苏格拉底，这看起来遥不可及。”

“当你跟在乔伊的后头跑上山时，并没有光顾着眷恋地望着山顶，而是直接看着前方，一次只踏出一步。只要这样做就对了。”

“这是门规，对吧？”

苏格拉底含笑点点头，“现在，你最好睡一下。明天早上七点在伯克利高中的跑道上，有特别训练课程。”

清晨六点一刻，闹铃响了，我硬拖着身子下床，把头浸在冷水里，做了几下深呼吸，把脸捂在枕头里，尖叫一声，好让自己清醒过来。

我走上街道时，精神抖擞。我慢慢跑进高中运动场，苏格拉底正在那儿等着。他的特别训练课程一开头就是半个钟头的蹲马步，他在加油站里示范过这叫人苦不堪言的蹲姿。接着他示范了一些武术基本原则："真正的武术教导人不去抵抗，就像树木迎风而弯腰那样。这种态度远比体能技术更重要。"

苏格拉底使出合气道手法，不论我多么努力地推他、抓他、打他甚至扭住他，他都能将我撂倒，看来毫不费力。"绝对不要与任何人或任何事物做无谓的纠缠与挣扎。被推的时候，你就拉；被拉的时候，你就推。找出自然的路径，顺势而行，和自然的力量合为一体。"他的行动证明了他所说的话。

没过多久，离开的时刻到了。"明天见，同一时间，老地方。今晚留在家里，多练习练习。记住，呼吸要缓慢，慢到吹不动放在你鼻头前的一根羽毛。"他好像穿了溜冰鞋似的，轻快地滑走。我跑回公寓，整个人很放松，像是一路都有风在吹送我回家。

• • • • • •

在体育馆里，我尽量将我的所学加以应用，"任由动作发生"，而非想办法去做动作。我在单杠上的巨幅秋千动作似乎是自动进行；我在双杠上一再摆荡，跳跃，空翻而后倒立；我在鞍马上做并腿全旋和剪刀动作时，感觉好像有钢丝从天花板垂挂下来支撑着我，我身轻如燕。同时，我的腿终于恢复弹性了。

我和苏格拉底在每天早上太阳一出来时碰头，我都是跨大步走着，他则像瞪羚似的，边跑边跳。我日渐放松，反射动作变得像闪电那么快。

有一天，我们热身跑步至半途时，他突然停下，脸色苍白，我从来没见过他那样。

"我得坐下来。"他说。

"苏格拉底，你没事吧？"

"丹，你只管继续跑，我要静静坐一下。"我听他的话继续跑，一边不时留心他的动静，他合眼挺直身体坐着，神色庄严，但人看来是老了些。

我们几个星期以前就说好，我晚上不再到加油站去看苏格拉底，不过当晚我还是打了电话去问他情况如何。

“教练，你还好吗？”我问。

“好得很。”他说，“不过呢，我请了位助理代班几个星期。”

第二天早上，我看到我的新助理在跑道上跑步。我简直雀跃不已，直直奔向乔伊，我想一把将她抱进怀中，然而她轻轻一摔，我就像倒栽葱似的摔到地上。更丢脸的还在后头，比赛投篮时，她赢了我；练棒球时，她击中我投的每一个球。不管我们做什么，比赛什么，她的表现一律无懈可击，使得我这个世界冠军得主自我感觉像个新手。

苏格拉底交给我的功课，我加倍操练。我每天清晨四点起床，打太极拳到天亮，然后跑步到山里，去和乔伊碰头。对于这些额外的练习，我从未向其他人提过。

不管在课堂上还是在体育馆里，乔伊的倩影时时萦绕在我心头，我想见她，想抱着她，但是我好像得先抓住她才行。到目前为止，我充其量只能希望，能在她自订的比赛中击败她。

两个星期以后，我又和苏格拉底回到跑道上又跑又跳，他已恢复了活力。

“一定是得了流行性感冒。”他解释说。

“苏格拉底，”我说，一会儿跑到前，一会儿跑到后，跟他玩捉人游戏，“有关你的日常生活，你嘴巴很紧。我一点都不知道我们不在一起时，你是什么样子。这些你怎么解释？”

他笑，一跃超前了三米左右，接着沿着跑道全速奔跑。我跟在后头跑，直到和他的距离近得足以交谈。

“你回答我的问题啊。”

“不。”他说，话题就此结束。

等我们终于做完伸展运动和静坐练习后，苏格拉底走到我身边，一手搭在我肩上，说：“丹，你是个好学又聪明的徒弟。从今以后，你要自行安排你的课程计划，根据需要做练习。而我要给你一点额外的东西，这是你该得的。我要教你做体操。”

我不禁大笑了起来：“你要教我做体操？苏格拉底，我看你这一次真是太夸张了。”我很快跑到草地上，当场来了个侧翻动作、一个后手翻，还有一个高空翻加两周转体。

苏格拉底走到我身旁，说：“我承认，你比我厉害。”

“万岁！”我喊道，“总算发现我会做而你不会做的事了。”

“不过呢，我注意到一件事。”他又说：“你准备做转体动作时，手臂应该再多伸出去一点。喔，还有，你一开始的时候，头太往后仰了。”

“苏格拉底，你这个吹牛大王……不，你说得对。”我说，领悟到我的头的确是太往后仰，手臂的确需要再伸出去。

“等我们稍微修正好你的技巧后，再来调整你的姿势。”他补充说，接着话锋一转，“体育馆见。”

“可是，苏格拉底，我本来就有教练了，而且我不知道其他体操队员是否喜欢你在体操教室附近走来走去。”

“哦，你一定会想出一个好理由跟他们说。”

当天下午在练习前的队员集合中，我向教练和队友说，我性情古怪的祖父远从芝加哥来，要待一两个星期，他想来学校看我。“他其实是位很不错的老先生，蛮有活力的，老以为自己是个很棒的教练，只要各位迁就他一点——他有点疯疯癫癫的——我敢说他不会妨碍我们的练习。”

大伙都没有异议。“哦，对了。”我补充，“他喜欢别人叫他玛丽莲。”我拼命克制笑意。

“玛丽莲？”每个人都边笑边重复。

“对呀，我知道这有点诡异，可是等各位见到他就明白了。”

“米尔曼，说不定见到活生生的‘玛丽莲’，会有助于让我们了解你，人家都说这是会遗传的。”大伙哄堂大笑，做起热身运动。苏格拉底这一回要进入我的地盘，不知道他会不会喜欢他的新绰号。

• • • • • •

今天，我计划给全队一个小小的惊喜。我在体育馆中一直保留着实力，他们并不晓得我已经完全复原了。我提早到达，走进教练的办公室，他正忙着翻阅散落在桌上的文件。

“教练，”我说，“我想参加小组比赛。”

他从眼镜上方盯着我看，用同情的语气说：“丹，你还需要半年才能复原并参赛。等你毕业以后再参加奥运选拔赛吧。”

我将他拉到一旁，低声说：“我今天已经准备好了！我一直在体育馆外做额外的练习。”

“丹，你没机会的，我很抱歉。”

队友们在小小的体操教室里做热身运动，摆荡、翻滚、跳跃、倒立，一样一样来，我站在场边旁观。接着是第一个项目——地板运动。大家的表现看起来都不错，他们正准备进行下一个项目时，我站了出来，走到运动垫上，开始做我的例行动作。

一切都很顺利：两周后空翻、流畅的倒立，我保持轻快的节奏表演带有舞蹈元素的动作和自创的转体动作，而后是一个比天还高的翻腾动作，接着是最后的空中连续动作。我轻盈着地，一切都控制得很完美。这时我才听到口哨声和掌声，席德和乔里惊讶得面面相觑。“这新面孔是打哪儿来的？”“嘿，我们得把他签进队里。”

下一个项目。乔里先上吊环，接着是席德、恰克和盖瑞轮流上场，最后轮到我。教练还在怀疑我方才那个项目怎能表现得那么漂亮，所以这会儿猛盯着我。我调整一下护手，确定手腕上的胶带很牢固，然后跳上吊环。乔里帮着我稳定好摆荡的身子，便退到一旁。我的肌肉在抽动，等着发挥作用，我深吸一口气，往上一拉，整个人便头下脚上地悬吊在空中，接着我慢慢地拉着身体，用力将身体撑成十字。

我做着流畅的摆荡动作，先是向下，接着又向上做正面摆上动作，我听见底下窸窸窣窣的声音。我慢慢地做出倒立动作，手臂和身体都是笔直的，“哎呀，真是见鬼！”教练说，我从来没听他用过这么强烈的字眼。我从倒立的姿势恢复正常，轻快地做了个大回环，然后停下来，身体一动也不动。最后，我表演了高空两周空翻，着地，脚只挪动了一小步。我的表现还不错。

我继续表演其他动作，做完最后一项后，大家再度报以喝彩声和惊喜的大叫声。这时我注意到苏格拉底正静静坐在角落里，一脸微笑，想必他把一切都收进眼底了。我挥手请他过来。

“各位，让我来介绍一下我祖父。”我说。

“玛丽莲，幸会。”他们异口同声说。有极短的一瞬间，苏格拉底面露困惑之色，不过马上就说：“大家好，幸会。我想看看丹都跟什么样的人搅和在一起。”他们都微笑着，说不定觉得这老先生还挺可爱的。

“希望大家不要见怪，我居然叫玛丽莲。”他随意地说，“我的本名叫马利尔，别人却老爱叫我的绰号。丹有没有跟你们讲过他在家里的小名？”他吃吃地笑着。

“没有。”他们带着渴望的语气问：“叫什么呢？”

“嗯，最好还是别说的好，我可不想害他难为情。他若是愿意的话，随时都可以告诉你们。”老狐狸看着我，严肃地说：“丹，没什么丢脸的。”

结果大家走开时，纷纷对我说：“再见啦，苏珊。”“再见啦，约瑟芬。”“再会啦，杰拉尔丁。”

“真是的，看你惹了什么祸，玛丽莲！”我走向淋浴间。

那星期接下来的时间，苏格拉底无时无刻不在观察我。他偶尔会看看其他队员，指点一下，他的建议很高明，似乎每回都很管用。我很惊讶他竟然懂得这么多，他对别人始终都很有耐性，但对我的耐性就少多了。有一回在鞍马上完成了我历来最佳的表现，我开心地边走边解开手腕上的胶布。苏格拉底示意我过去，说：“那套动作看起来是不错，但是你解开胶布时，却一副邋遢相。别忘了，时时刻刻都要顿悟。”

我做完单杠动作后，他说：“丹，你仍然需要冥想你的行动。”

“冥想我的行动，这话怎么讲？”

“冥想一个行动有别于从事这个行动。所谓做事，其中必定有个做这件事的人，得有个自觉的‘某人’来从事这个行动。但是在冥想一个行动时，你就已经放下对结果的执念，当中再也没有一个‘你’要去做什么。你一旦忘了自己，就变成你所做的事物，由此你的行动就自由、自动自发了，同时不再有野心、抑制或恐惧。”

就像这样，他注意着我脸上的每一个表情，倾听我每一番言论。

有些人听到我已经复原。苏西自不例外，还带着她的两位新朋友，米歇尔和琳达一起来看我。琳达立刻吸引了我的目光，她身材苗条，一头红发，标致的脸蛋上戴着一副眼镜，身上穿了件样式简单的洋装，曲线玲珑。我很想再见到她。

隔天，练习的情况叫人失望，不管我做什么，好像都不大顺利。苏格拉底叫我过去跟他一同坐在垫子上。

“丹，”他说，“你达到了很高的技术水平，你是体操高手。”

“苏格拉底，谢谢你。”

“这并不是赞美，”他转过头来，正对着我，“高手毕生致力于修炼，目的是要赢得比赛。但有朝一日，你说不定可以成为体操大师。大师把修炼奉献给生命。”

“苏格拉底，这我了解。你跟我讲过好几……”

“我知道你了解。我是要告诉你，你尚未体会到这一点，尚未实行。你始终在为一些新的体能技巧而沾沾自喜，如果有哪天练得不顺，就又闷闷不乐。不过，一旦你超越了修炼，集中心思尽最大的努力，却对结果没有执念，那时你就会了解和平勇士之道。”

“但我要是不在意结果，又何必费这么大的功夫呢？”

“我并没叫你不在意，那太不切实际了，但是门规揭露出一件事：你可以控制你的努力，却无法左右结果。尽你所能，其他的就交给上苍。”他补充说：“我不会再来体育馆了，从今天起，想象我就在你体内，注视并纠正你的每项错误，不管那错误有多么渺小。”

紧接着数周，生活步调十分紧凑，我早晨六点起床，先伸展全身筋骨，打坐，然后才去上课。我快速又轻松地完成作业，接着什么事也不做，安静半个钟头左右，再去练体操。

在那期间，我开始和苏西的朋友琳达交往。我被她吸引，但没有时间和精力与她更进一步，只是在练体操的前后，和她聊一会儿，如此而已。我在每天练习的空档里，时常想到她，然后想到乔伊，接着又想到她。

我一次又一次有新的突破，教练和队友对我的能力越来越有信心，人人都看得出来，我不光只是复原了而已。虽然体操不再是我生活的中心，却仍占有重要的地位，因此我全力以赴。

我和琳达约会了几次，相当情投意合。有天晚上，她来找我谈一个私人问题，结果留下来过夜，我们那晚十分亲密，但是并未逾越我的修炼所容许的范围。我对她的情意与日俱增，速度之快，甚至吓到我自己。我的计划里面并没有她，可我还是越来越被她吸引。

我觉得自己对乔伊"不忠"，但我从来就不知道这神秘的少女何时会再现身，又到底会不会现身。乔伊是理想伴侣的典范，在我的生命里飞进飞出。琳达则是真实、温暖、柔情蜜意的，而且，就在我的身边。

● ● ● ● ● ●

一周又一周过去，随着将在亚利桑那州吐桑市举行的 1968 年全美大学锦标赛越来越接近，教练也越来越兴奋、谨慎和紧张。如果我们赢了，将是我们的大学头一回摘下冠军，而教练则将实现二十年来的目标。

没过多久，我们就已脱颖而出，和南伊利诺伊大学展开三天的对抗赛。锦标赛最后一晚，加大和南伊大在体操史上最激烈的比赛中势均力敌，剩下三个项目要进行，南伊大领先 3 分。这是关键时刻，我们要是实际一点，大可认命，拿到亚军也挺体面的；要不然，就得迎向不可能的任务。

我要挑战不可能的任务，我觉得自己的气势正旺。我向全队宣布："我既然已经东山再起，可不愿意白白走这一遭。我们已胜利在望，我打从心底这么觉得，我们再努力吧！"我的话很平常，但无论我所感受到的是什么，它就像电流，激发了每一位队员的力量。

仿佛一阵浪潮，我们逐渐增加动力，随着每位队友的上场，那股动力益发快速增长，益发强大。先前几乎快昏昏欲睡的观众，也逐渐兴奋得骚动起来，纷纷在座位上向前倾身。人人都感觉得到，有什么正在发酵。

南伊大显然也感受到了我们的力量，因为他们在做倒立时有点颤抖，在着地时出现失误。但是到最后一个项目展开前，他们仍然领先整整 1 分，而单杠一直是他们的强项。

最后，加大就只剩两名选手——席德和我。观众鸦雀无声，席德走向单杠，往上一跳，做了一套令我们屏息的动作。他以一个两周空翻为整套动作画下句点，其难度是体育馆内的观众没见过的。观众简直疯狂了。而我是队中最后一位上场者——是最后一棒，压轴。

南伊大最后一位选手表现得可圈可点，他们的成绩几乎是无法逾越的，不过我所需要的，正是这个“几乎”。我必须拿下 9 ～ 8 分的成绩，才能打成平手，但是我从来就没拿到过这个分数。

我的最终考验终于到来，往事一幕幕浮现心头：我腿骨断裂时那痛苦的一夜，我发誓一定要复原，医生劝我放弃体操，苏格拉底以及我连续不断的修炼，在雨中没完没了地直奔山巅的跑步练习。我感到一股越来越强的力量不断涌来，我对那些说我永远不能再表演体操的人生气。我的激情转变为冰雪般冷静的情绪，就在那一刻，我的命运和未来似乎达成平衡。我心智清明，情绪洋溢着力量。不做，就是死。

我带着这段时间以来在加油站学到的精神和专注力，走近单杠。体育馆内听不到半点声响，寂静的时刻，关键的时刻。我缓缓把石灰粉抹在手上，调整护手，检查腕带。我走向前，向裁判行礼，面对着主裁判时，我的眼神发亮，传达出一个简单的信息：“以下将是您见过的最佳体操动作。”

我纵身一跃，上了单杠，双腿往上抬，先做了一个倒立，然后开始摆荡。体育馆里唯一的声音，就是我双手在单杠上转动发出的声响，我腾跃、扭转，放手，迅即又抓住闪亮的单杠。除了动作以外，其他什么都没有。没有海洋，没有世界，没有星辰，只有单杠和一个没有心智的表演者。不久，连这两者也融进单一的动作当中。

我加进一个以前从未在竞赛中做过的动作，继续表演，超越我的极限。我一再摆荡身体，越荡越快，准备以一个屈体两周空翻来下杠落地。我绕着单杠快速摆动，准备放手飞进空中，让自己在命运女神的手上飘浮、转动，这是我自己选择的命运。我双脚猛然一踢，身体转了一圈，又一圈，然后又一踢，伸展身体，准备着地，关键时刻来临了。

我着地的动作无懈可击，落地声在场中回荡。一片寂静……9 ～ 8.5 分！

我们拿下了冠军！

教练不知从哪里跑了出来，抓住我，拼命和我握手，兴奋到说什么也不肯放开我的手。队友们又跳又叫，将我团团围住，拥抱我，有几个队友双眼含泪。这时我听到远远传来如雷的掌声，越来越响亮。在颁奖典礼上，我们几乎无法抑制兴奋之情。我们彻夜庆祝，一再追述赛程的种种，直到早晨。

等待已久的目标达成了，我领悟到，掌声、分数和胜利都不再一样了。我改变了很多。我对胜利的追求总算结束了。当时是 1968 年的早春，我的大学生涯即将结束。接下来会怎样，我一无所知。

我在亚利桑那与队友告别，搭上飞机时，觉得很麻木。我飞回伯克利，回到苏格拉底和琳达那里。在飞机上，我茫然地看着底下的云层，丧失了企图心。这些年来，我一直靠着一个幻象支撑自己，这个幻象就是从胜利中获得快乐。而今幻象已燃成灰烬，我的种种成就却没有使我变得更快乐一点、充实一点。

我终于看穿了云层，看到自己始终没有学会如何享受生活，而只会追逐成就。人生至此，我一直都在追寻幸福，却始终未能找到。

飞机开始下降，我靠回枕头上，泪眼蒙眬。我觉得自己走到了死胡同，不知该转向何方。

第6章 超越心智的喜乐

我拎着行李，直接去找琳达。我一边亲吻她，一边告诉她我们夺魁的事，不过并没跟她讲起我幻灭的心情。这时，苏格拉底的身影浮现在我的心头，我对琳达说，我有事得赶到别的地方。

“已经过了午夜，还有事？”

“对。我有位……朋友，是男的，他是上夜班的。我真的得走了。”我又亲了她一下，随即离开。

我走进加油站的办公室，手上还提着行李。

“要搬进来呀？”苏格拉底问。

“进来，出去……苏格拉底，我不知道自己在做什么。”

“嗯，你在锦标赛上显然知道自己在做什么，我看到了体育版的新闻。恭喜，你一定很开心。”

“苏格拉底，你很清楚我现在的感受。”

“可想而知，”他轻松地说，一边走进修车房，去修理一辆老福斯车的变速器，“你正在进步，一切都跟进度配合得刚刚好。”

“很高兴听你这么说，”我无精打采地回答，“可是，进度的目标是什么？”

“目标是大门呐！要得到超乎寻常的快乐呀！要达到你以前并不知道，

却是你唯一拥有的真正目标。如今时候到了，你应该放掉你的心智，再度醒悟过来，恢复知觉。”

“再度？”我问。

“哦，是的。你曾经沐浴在光明之中，曾经在最简单的事物中找到喜乐。”说完，他双手抱住我的脑袋，送我回到婴儿时代……

我爬在瓷砖地板上，双眼睁得老大，专注凝视着我双手底下的形体和色彩。我尝试着触碰一块地毯，地毯也碰碰我。万事万物都明亮而有生气。

我的小手抓着一把勺子，敲打着杯子。叮叮当当的，听来好悦耳，我使劲叫嚷！接着我抬起头，看到在我上方飘扬的裙子，我被抱起来，发出咕噜咕噜的声音。我沐浴在母亲的香气中，全身放松地躺在她怀里，心中洋溢着幸福的感觉。

过了一段时间，我爬进花园，沁凉的空气拂过我的脸庞。五颜六色的花朵高耸在我四周，我被新的气味所围绕。我摘下一朵花，咬了一口，嘴里一阵苦味，我把花吐出来。

母亲来了。我伸出手，给她看在我手上动来动去的那个黑玩意，它正搔我的痒。她伸出手，扫开那东西，“讨厌的蜘蛛！”她说。然后拿着一个软软的东西轻拂我的脸，它在对我的鼻子讲话呢，“玫瑰。”她说，接着又发出同样的声音，“玫瑰。”我抬头看她，再看看周围，随即又飘进芳香四溢、色彩缤纷的世界中。

我醒来时，正面朝下趴在苏格拉底的黄色地毯上。我抬头，凝视着他的老橡木书桌的桌脚。此刻，一切似乎都朦朦胧胧的。

“苏格拉底，我觉得自己半睡半醒，好像需要把头浸在冷水里，才能清醒过来。你确定刚才这趟旅程对我没有造成伤害吗？”

“丹，没有。伤害是多年来造成的，你马上就会看到造成伤害的方式。”

“那个地方是我祖父家的花园，像伊甸园一样。”

“是的，的确是伊甸园。每个婴儿都活在明亮的花园中，直截了当地感受一切，不受任何思绪的欺瞒，没有信念，没有诠释，而且不下判断。

“你开始思考，开始替事物命名并知晓事情时，就‘堕落’了。要知道，堕落的不只是亚当、夏娃，还有我们其他所有的人。心智的诞生就是感官知觉的死亡，才不是什么我们吃了一颗苹果，所以变得有点性感那回事呢！”

“但愿我能回到过去，”我感叹道，“那里是那么明亮，那么清澈，那么美丽。”

“你在孩提时代有过的乐趣，是可以再度拥有的。耶稣说过，要进入天国，得先像小孩一样。”苏格拉底沉吟半晌，又说：“明天早上八点到植物园跟我碰面，我们也该去大自然中走走了。”

我睡了几个钟头后醒来，觉得神清气爽，心情愉悦。说不定就在今天，我就要发现感官的奥秘了。我慢跑进入草莓峡谷，在植物园入口处等候苏格拉底。他到了以后，我们大步走在大片大片的绿野间，那里有各种树木、灌木、植物和花朵。

我们走进一间巨大的温室，空气温暖而潮湿，跟外头冷冽的早晨空气刚好形成对比。苏格拉底指着高耸在我们上方的热带树叶说：“你还是个孩子时，世界上的一切都会像破天荒头一遭那样赫然出现在你的眼睛、鼻子和小手前。可是如今你知道了每样东西的名字，还把它们分类：‘那个好，那个不好，那是张桌子，那是把椅子，那是辆车子、是间房子、是朵花、是狗、猫、鸡、男人、女人、日出、海洋、星星。’事物令你越来越厌烦，因为对你而言，它们都只是名称而已。心智中枯燥的概念蒙蔽了你的知觉。”

苏格拉底大幅挥动手臂，指向高耸在我们头顶上方的棕榈树，这些棕榈几乎碰触到圆顶的树脂玻璃天篷。“如今你透过一层薄纱去看万事万物，那层面纱是和事物有关的联想，投射覆盖在直接、简单的觉察力之上。你‘什么都看过了’，就好像同一部电影看了二十遍，你只见到对事物的记忆，所以感到厌烦，陷落在心智当中无法动弹。因此，你得先‘放掉心智’，才能恢复知觉。”

• • • • • •

第二天晚上，我走进办公室时，苏格拉底正在烧开水，我小心翼翼脱好鞋，放在沙发底下的垫子上。他背对着我说：“怎么样？来进行个小比赛吧。你呢，表演一个特技，我也表演一个，看谁赢。”

“嗯，你真想这样做的话，那好吧。”我不想令他难堪，所以在桌上用单手倒立了几秒钟，然后站好，做了个后空翻，轻盈地落在地毯上。

苏格拉底摇摇头，一副士气大消的模样：“我还以为这场比赛会势均力敌呢，现在看起来，才不是这么回事。”

“苏格拉底，对不起，可是说到底，你不年轻了，而我在这方面又有专长。”

“我的意思是，”他笑着说，“你啊，毫无胜算。”

“什么？”

“看我的。”他说。我注视着他慢慢转身，慎重小心地走进洗手间，我往前挪动两步，以防他又拿着武士刀跑出来，可是他出来时手上端着一只马克杯。他在杯里倒了水，对我浅浅一笑，举杯做出敬酒的样子，然后慢慢喝着水。

“啊？”我说。

“就这样。”

“就这样？你什么也没做啊。”

“我做了呀，你就是没有眼光来欣赏我的本领。我之前就感觉到我的肾脏里有少量的毒素，再过几天，毒性可能会开始影响整个身体，所以我在还没有症状出现以前，就找到问题所在，把肾里的毒素排出去了。”

我不禁放声大笑：“苏格拉底，你真是我见过的最巧舌如簧的大骗子。认输吧，你在吹牛。”

“我是非常认真的，我刚才描述的这段过程的确发生了。这需要对内在能量十分敏感，并且能随意控制几种微妙的机制。”

“你呢，却相反。”他一边说，一边用盐搓揉患处，“你只是模糊地觉察到你那副皮囊里头正进行的事情。你就像一个刚学会倒立的表演艺人，还不够敏感，无法预测到自己何时将失去平衡，而且你仍然有‘病倒’的可能。你所拥有的体操技能，只让你培养出粗糙的觉察力，使你可以表演许多动作花样，却不足以为傲。”

“苏格拉底，被你这么一说，三周空翻都变得平凡无奇了。”

“本来就没什么好啧啧称奇的，那不过是一项需要花时间练习的特技而已。然而，你一旦能感觉到体内能量的流动，这才值得称奇。所以，丹，继续练习。每天都要稍微磨炼一下你的感官知觉，就像你在体育馆伸展筋骨时那样，舒展你的知觉。这样到最后，你的觉察力会穿刺、深入你的身体，深入这个世界。那时，你自然会少用思考，多用感觉，如此一来你就能从生活中最简单的事物那里得到乐趣，再也不会沉迷于成就或昂贵的娱乐中无法自拔。下一回，”他笑着说，“或许可以来场真正的比赛。”

我们静静地对坐了一会儿，然后到修车房去，我帮苏格拉底把一辆福斯汽车的引擎拉出来，拆卸另一个有故障的变速器。后来我们回到办公室时，我问苏格拉底认不认为有钱人比“我们这样的穷鬼”过得快乐。

他的回答令我震惊：“丹，说实话，我挺富有的，人一定要变得富有才会快乐。”他看到我呆若木鸡的表情，微微一笑，从桌上拿起一支笔，在一张干净的白纸上写下：

快乐＝满足／欲望

“只要你有足够的钱来满足你所有的欲望，你就是富有的。因此，有两个办法可以让人变得富有：一种是赚取、继承、借贷、乞讨，甚至是偷窃足够的钱来满足你所有的欲望；另一种是，清心寡欲，生活简单，如此一来，你永远都会拥有足够的钱。

“和平勇士有洞见和戒律，因而得以选择简单的生活，得以明白需求跟欲求的不同。我们只有很少的基本需求，却有无穷无尽的欲求。全神贯注于每一时刻，就是我的喜乐。全神贯注用不着花钱，你唯一的投资是修炼。丹，这正是当勇士的另一个好处，便宜多了！要知道，快乐的秘密并不在于寻求更多想要的，而是在于培养寡欲的能力。”

我倾听他所编织的魔咒，心中一片满足。这其中并无复杂之处，没有迫切的追寻，没有非办不可、攸关生死的事。苏格拉底向我揭示了，觉察就是宝藏。

他突然抓住我两侧腋下，把我举了起来，向上抛，抛得如此之高，我的脑袋都快撞到天花板了。我往下掉时，他出手帮忙缓和我落下的速度，让我平稳落地。

“只是想确定你有足够的注意力听我下面要讲的话。现在是什么时间了？”

“呃，凌晨 2:35。”

“错了。从以前、现在到未来，永远都是当下这一刻！当下这一刻就是时间，时间就是当下这一刻。清楚了吗？”

“嗯，是的，清楚了。”

“我们在哪里？”

“我们在加油站的办公室里，我们不是很久以前就玩过这个游戏了吗？”

“没错，而你学到的是，你唯一所能确知的事情就是，你在这里，不管这个这里究竟是在何方。从今以后，只要你的注意力开始飘到别的时空去，你就得给我马上回来。记住，时间就是当下这一刻，地方就是这里。”

就在这时，有个大学生闯进办公室，拖着他的一位朋友。“我简直不敢相信！”他指着苏格拉底说，“我走在路上，经过这里时看了一眼，结果看到你把那家伙抛到天花板上。你究竟是谁呀？”

看来苏格拉底的庐山真面目即将曝光了。他茫然地看着这个学生，然后大笑，“哦，”苏格拉底又笑了，“哦，好得很！没什么啦，我们只是在做运动，打发打发时间。这位是丹，他是体操选手，丹，我没说错吧？”我点点头，那学生的朋友说他记得我，他看过两三次体操比赛。苏格拉底的说法越听越可信。

“这桌子后面有个小蹦床。”苏格拉底走到书桌后，让我大吃一惊的是，他居然在无形的迷你蹦床上，一弹一跳起来，他弹跳得如此流畅，我简直要以为桌后真有蹦床了。他越跳越高，等到头都快碰到天花板了，才跳得稍低一点，他就这样上上下下地弹跳。我鼓起掌来。

这两人虽然一脸迷惑，还是满意地走了。我跑到书桌另一侧，那儿当然没有什么蹦床。我歇斯底里地笑了起来：“苏格拉底，你真让人不可思议！”

“没错。”他说，他从来就不故作谦虚。

此时，天边已微露曙光，我和苏格拉底准备离开。我拉上外套的拉链，觉得这一天的黎明对我仿佛具有象征意味。

● ● ● ● ● ●

我走路回家，想到逐渐显现出来的改变，外表看不大出来，而是内在的。我感觉到一种崭新的清明状态，看清自己的路在哪儿，要务是什么。我终于不再期待世界来满足我，放下期待的心后，我的失望就消失了。当然，我会继续去做生活在这日常世界里该做的事，可是要按我自己的条件去做。尽管我过的是平凡的生活，但我已逐渐尝到一种奇妙、彻底的自由。

我和苏格拉底的关系也产生了变化。首先，我需要捍卫的幻象减少了。他叫我笨蛋时，我光笑不还嘴。因为就他的标准而言，他这样叫我并没错。同时，我也很少再被他吓到了。

我走回家的路上，经过医院时，突然有只手抓住我的肩膀，我像只不想被人轻拍的猫儿一样，本能地一缩，躲开。我转身，看到苏格拉底正对我笑。

“啊，你再也不会那么紧张兮兮了。”

“苏格拉底，你来这里有何贵干呀？”

“来散个步。”

“嗯，有你做伴挺好的。”

我们默不作声，走了一两条街，然后他开口问：“现在是什么时间？”

“哦，大约……”这时我突然发觉有诈，“大约是当下这一刻。”

“我们在哪里？”

“在这里。”

他没有再说什么，我有了点聊天的兴致，便跟他讲起我新感受到的自由，以及我未来的计划。

“现在是什么时间？”他问。

“当下。”我叹口气，“你不必一直……”

“我们在哪里？”他以无辜的语气问。

“这里，不过……”

“你要真的了解这一点。”他打断我，“你做什么都无法改变过去种种，而未来种种又永远不会完全如你所愿。从来就没有过去的勇士，也不会有未来的勇士，勇士活在当下、这里！你的悲伤、你的恐惧和愤怒、遗憾和内疚、你的羡慕、计划和渴望，只存活于过去或未来之中。”

“苏格拉底，稍等一下。我清楚记得自己曾在当下的时刻生气过。”

“并非如此。”他说，“你的意思是，你在当下那一刻表现得很生气。行动总是在现在这一刻发生，因为行动是身体的表达方式，只能存在于当下、这里。但是心智却如幽灵，只活在过去或未来，它唯一的力量就是，转移你对当下这一刻的注意力。”

我弯下腰系鞋带，感觉到有什么在探触我的太阳穴。

我系紧鞋带，站好，发觉自己独自站在一间没有窗户的发霉旧阁楼里。在昏暗的光线中，我辨认出房间一角有两三个旧衣柜，像直立的棺木。

霎时，我寒毛直竖，觉得又冷又怕。除了自己的心跳声外，我听不到一点声响，别的声音都被死寂的空气抑制住了。我试着踏出一步，注意到自己站在一个五角星里面，星星是红褐色的，漆在地板上。我更仔细地打量，发现这红褐色的颜料，是干掉或正逐渐变干的血。

我听到身后有什么在厉声笑着，那笑声是那么令人恶心，那么令人害怕，我不得不咽下嘴里逐渐泛起的金属味。我不加思索，转身，迎面是头丑恶的怪兽。它在我脸上喷着气，陈年死尸那种令人作呕的怪味向我铺天盖地袭来。

它那丑怪的脸颊向后拉扯，露出了乌黑的尖牙。接着它说："走向我……"我觉得不能不服从，但是本能阻止了我，我站在原地没动。

它气得咆哮："孩子们，抓住他！"角落的衣柜开始缓缓朝我移动，打开，露出令人作呕的人类腐尸，它们走出衣柜，不断前进。我在五角星内狂乱地回旋打转，想找到逃亡藏身之处。这时，我身后的阁楼门打开了，一位少女踉跄着走进房间，身子一歪，正好倒在五角星之外。门还是半开着的，流泻进一长条的光。

她长得很标致，身着白衣。她似乎有哪里不舒服，不断呻吟，并以低微的声音说："救救我，请救救我。"她两眼含泪，哀求着，其中却带有某种感激、报答和不可抑制的欲望意味。

我注视着逐渐逼近的腐尸，注视着这个少女和门口。

这时，那感觉出现了："留在原地，五角星就是当下这一刻。在那里，你是安全的。恶魔跟他的手下是过去，门是未来。当心了。"

就在这时，女孩再次呻吟，身子一滚，仰躺在地上。她的衣服向上撩起，露出一条腿。她向我伸出手，哀求着，诱惑着："救救我……"

我沉醉在欲望中，冲出五角星。

女孩露出血红的尖牙，向我咆哮。恶魔跟他的手下发出胜利的叫声，朝我扑过来。我冲向五角星……

我在人行道上缩成一团，浑身发抖，抬头看着苏格拉底，他说："如果你休息够了的话，还要不要再走下去？"有些晨跑者经过我身边，脸上露出好笑的神情。

"你每次想向我证明某种论点时，都非得把我吓个半死不可吗？"我结结巴巴地说。

"只有在论点很重要的时候。"

我沉默了好一会儿，才羞怯地问："你有那女孩的电话号码吗？"苏格拉底拍了一下自己的前额，翻个白眼。

"我想，你已经掌握那出小话剧的重点了吧。"

"是啊，留在当下，这样比较安全。不要为有尖牙的人走出五角星。"

"说得对。"他笑道，"别让任何人、任何事物，更别说是你自己的思绪，把你带离当下。你想必听说过两个和尚的故事吧！

> 一老一少两个和尚在雨林中，沿着一条泥泞的小路走回寺院。他们遇见一位佳人，无助地站在湍急、混浊的激流旁边。
>
> 老和尚看到她的困境，便用强壮的臂膀一把将她抱起，抱着她过了河。她揽着他的脖子，向他微笑，到了对岸后，他轻轻将她放下。她欠身为礼，向他道谢。两位和尚继续默默赶路。
>
> 快到寺院门口时，年轻的和尚再也忍不住："您怎么可以把美女抱进怀里？这种行为似乎有违和尚的清规。"
>
> 老和尚看着他的同伴，答道："我在那里就把她放下了，你还抱着她吗？"

"看来还有很多功课等在后头。"我叹道，"我还以为已经达到一定的成绩了。"

"你的要务不在于达成什么，而是待在当下此处。但是你除了在做空翻和被我打扰时，仍旧多半活在过去或未来中。如果你想得到机会找到大门，现在就得洗心革面。大门就在这里，就在你眼前。现在，张开你的眼睛吧！”

“可是该怎么做呢？”

“丹，只管专注当下就行了，这能使你得到解脱，免于痛苦，免于恐惧，免于心智束缚。思绪接触到当下时，就消散了。”他举步要离开。

“苏格拉底，等等。走之前，请告诉我，你是不是故事里的老和尚，也就是抱女人的那位？听起来很像是你会做的事。”

“你还抱着她吗？”他大笑，迅速走开，消失在转角处。

我慢跑完最后几个街区，回到家，冲了澡，进入甜蜜的梦乡。

● ● ● ● ● ●

起床以后，我出门散步，继续用苏格拉底建议的方式冥想，将注意力逐渐集中于当下这一刻。我好像又变成了小孩，世界在我面前越来越清晰，我逐渐恢复感官知觉。虽然时值五月多雾的天气，天空却似乎变得更明亮了。

我没对苏格拉底提到琳达，基于同样的理由，也没对琳达提起苏格拉底，他们分属于我生活中不同的层面。况且，我感觉得到苏格拉底对我的内在修炼的兴趣，可比对我的世俗关系的兴趣大多了。此时琳达已经从大学辍学，搬到洛杉矶找工作。

一周又一周过去，上课情况很顺利，不过我真正的课堂是在草莓峡谷，我像风似的在山间奔跑，浑然忘了距离长短，只管和长耳大野兔赛跑。有时我会停下，在树下静坐，或只是闻一闻由脚下那闪烁的海湾上吹拂而来的清新和风。我会坐上一个钟头，望着潋滟的波光或头顶飘过的云朵。

我已从过往的种种“重要目标”中解脱，如今仅剩下一个目标：那扇大门。有时在体育馆里，就连这个目标也被我遗忘，我浑然忘我地尽情施展身手，在蹦床上高高跃入空中，回旋、转身，懒洋洋地飘浮，接着突然做个两周空翻，再冲向空中。

尽管我和琳达分隔两地，我们仍然两天就通一次电话，培养亲密的感情。在那一段日子里，我没有见到乔伊，她或者从阴影中走出来，或者在我的梦中露面。她的倩影时时浮现在我眼前，并露出慧黠的笑容，直到我再也分不清楚我到底要什么，又想要谁。

然后，就在不知不觉中，大学最后一年即将画下句号。最后一次期末考试不过是走过场，我写着答案，欣然看着蓝色墨水从笔尖流出，心底明白我的生命已然改变。就连纸上的分行线看起来也像艺术品，各种意念自由地从我脑中涌出。然后一切就结束了，我完成了大学教育。

我带了新鲜苹果汁到加油站，和苏格拉底一起庆祝。我们坐着喝果汁时，我的思绪又飘向未来。

“你在哪里？”苏格拉底问，“现在是什么时候？”

“我在这里，在当下。但是目前的现实状况是，我需要找份工作，你有没有什么建议？”

“有的，想做什么就去做什么。随心所欲，相信你的本能。”

“听起来不是很有帮助。”

“你做什么并不重要，重要的是，做得有多好。哦，对了，”他补充说，“乔伊这个周末要来。”

“太棒了！这个星期六去野餐，你看怎么样？上午 10:00 好不好？”

“好，到时在这里碰面。”

我向他道了晚安，走进晨星点点而凉爽的六月凌晨。我从加油站出来，走到转角处时，时间正是 1:30。一种感觉让我转过身，抬头看着屋顶。他站在那里，那影像许久以前我也看到过，他纹丝不动，仰望夜空，有一团柔和的光芒笼罩着他。虽然他离我有 20 米远，说话又很轻柔，我仍听得到他的声音，好像他就在我身旁。“丹，过来。”

我很快走回去，及时看到苏格拉底从阴影中出现。

“今晚你走以前，还有最后一样东西应该要看看。”他两根食指直探向我的双眼，碰了我的眉毛上方一下。接着他走开来，直直地向上一跃，落在屋顶上。我目瞪口呆地站在那儿，不敢相信方才的所见。苏格拉底跳下来，落地时几乎悄无声息。“秘密就在于，”他笑，“非常强健的脚踝。”

我揉揉眼睛：“苏格拉底，刚才是真的吗？我的意思是，我看到了，可是之前你摸了我的眼睛一下。”

“丹，真实没有明确的分界。地球并非密实的固体，而是由分子和原子所构成，它们是充满着空间的小宇宙。只要你睁开你的眼睛，地球便是一个有光、有魔力的谜。”

我们互道晚安。

● ● ● ● ● ●

星期六总算来临了。我走进办公室，苏格拉底从座位上起身。这时，我感觉到一双柔软的手臂揽住我的腰，乔伊的影子移到了我的影子旁。

“真高兴再见到你！”我给了她一个拥抱。

她笑容灿烂：“哦，你越来越强壮了，是不是正在接受奥运训练呀？”

“说实话，”我郑重回答，“我决定退休了。我的体操生涯已经走到尽头。我该往别的方向前进了。”她点点头，不发一语。

“嗯，我们出发吧。”苏格拉底手上抱着他带来的大西瓜。我的背包里则装了三明治。

山间的天气好得不能再好了。用过午餐，苏格拉底决定让我们俩独处，他要去“爬树”。稍后，他爬下树，听我们在那儿彼此出主意。

“乔伊，总有一天我要把我和苏格拉底相处的经过写成一本书。”

“说不定会被人拍成电影。”她说，苏格拉底站在树旁听着。

这会儿我讲得更带劲了：“还有人会制造勇士T恤……”

“还有勇士香皂。”乔伊喊道。

“还有勇士贴纸。”

“勇士口香糖！”

苏格拉底听不下去了，摇摇头，爬回树上。

我们俩放声大笑，在草地上滚来滚去，我以早就经过练习却故作不经意的口吻说：“嘿，我们来赛跑好不好？跑到旋转木马那里再折回来。”

“丹，你这个人一定是生来就爱受罚。”乔伊夸口道，“我父亲是头羚羊，我母亲是猎豹，我姐姐是风，而……”

“是呀，而你的兄弟是保时捷和法拉利。”她边笑边穿上运动鞋。

“输的人负责清理垃圾。”我说。

乔伊撒腿便跑。我在她身后，边嚷边穿鞋：“我看你叔叔八成是彼得兔！”我向苏格拉底喊道：“马上回来。”然后跑去追乔伊，她已领先许多，正朝着一公里以外的旋转木马跑过去。她跑得是很快，但是我跑得更快，而且我知道这一点，我的修炼已将我磨炼得比我所能想象的更加厉害。

乔伊回头看看我，她的双臂和双腿顺畅地前后摆动，她见到我紧跟在后头，呼吸得轻松又自在，露出惊讶的表情，或可说是震惊的表情。她更加使劲向前跑，又回头望了一眼。我和她的距离近到看得见汗珠滴在她柔软的颈子上。

我赶上去，和她并肩跑着，她气喘吁吁地说：“你做了什么？搭便车坐在老鹰的翅膀上吗？”

“对啊。”我对她浅浅一笑，“老鹰是我的亲戚。”我送了她一个飞吻，随即超过了她。

我跑到旋转木马，折回头往野餐地点跑，跑到半途时，看到乔伊已经落后了 100 米远。她看起来跑得很吃力，渐露疲态。我替她难过，因此停下脚步，坐了下来，摘下一朵长在路边的野芥子花。她接近我时，放缓速度，看到我嗅着那朵花。我说："今天天气真好，对吧？"

"你这样，"她说，"让我想到龟兔赛跑的故事。"说完，她加快脚步，以惊人的速度冲出去。

我好讶异，一跃而起，拔腿就跑。我以稳健的速度，缓缓地向她逼近，这时我们已接近草原的边缘，她还领先我好一段距离。我越逼越近，直到听得见她可爱的喘息声。我们肩并肩跑完最后 20 米，她伸手握住我的手，我们放缓步伐，大笑着，刚好跌倒在苏格拉底切好的西瓜片上面，弄得西瓜子四溅，到处都是。

苏格拉底从树上下来，鼓掌迎接脸朝下一头滑倒在一片西瓜上、整张脸还沾满了西瓜汁的我。

乔伊看着我说："小乖乖，怎么了，用不着脸红嘛。毕竟，你差一点就击败了小小的、可怜的我。"

我的脸上汁液淋漓。我用手抹抹脸，吸吮手上的西瓜汁，回答道："小美人，怎么了，就算小小的、可怜的傻子，也看得很清楚，是我赢了。"

"这里就只有一个傻子，"苏格拉底发牢骚说，"而他刚刚捣烂了西瓜。"

我们都哈哈大笑，我转身看着乔伊，满眼闪烁着情意。但是当我见到她看着我的神情时，我不再发笑。她牵着我的手，把我带到草地边缘，那里可以俯瞰公园绵延不断的翠绿丘陵。

"丹，有件事我得告诉你。你在我心目中有非常特别的地位，可是苏格拉底说，"她回头看看他，他正缓慢地摇着头，"你的路径对我来说，似乎还不够宽广，起码眼前看来是如此，而我也有很多事情得去做。"

我的心霎时受到重击。我有一部分的生命坠落了，摔个粉碎，"嗯，我不会放你走，我才不管苏格拉底，你，或是别人说什么。”

乔伊热泪盈眶：“哦，丹，我希望有一天……但是苏格拉底跟我说，你最好忘记。”

我最后一次凝望乔伊发亮的眼睛，苏格拉底从后面走到我身旁，在我的头上轻轻碰了一下。我眼前一黑，立刻忘记我曾认识一个名叫乔伊的女子。

WAY OF THE PEACEFUL WARRIOR

A book that changes lives

第三部　莫名其妙的快乐

第7章 最终的追寻

我睁开眼睛时，发现自己正仰卧着。想必是打了个盹吧。我伸了个懒腰，对苏格拉底说："咱俩真该经常离开加油站，多来几次野餐，你觉得呢？"

"是啊，"他缓缓点头，"就咱们俩。"

我们收拾好东西，在青翠苍郁的山里走了一公里多，才去搭公交车。下山的路上，我隐隐约约老觉得像是忘了说什么，或是忘了做什么，也说不定是遗落了什么没带走。但等到公交车开到山脚时，那感觉已经消失了。

苏格拉底下车前，我问道："明天跟我一起去跑步吧？"

"何必等到明天？"他答道，"今晚 11:30，小溪的桥上见，我们可以来一次午夜狂奔，一路往上爬。"

当天晚上满月高悬，我们沿着小径向山上走，月光在草丛和树丛顶端洒下一层银辉。这段七公里长的上坡路，我每一步都很熟悉，即使周遭漆黑一片，也可以循着小径跑上山。

爬完小径中一段陡峭的坡路以后，我的身体暖洋洋的。过了没多久，我们便跑到连接道，开始往山上走。好几个月以前，这里看来俨然像座巍峨大山，如今我却不怎么把它当回事了。我深深呼气、吐气，全速往上跑，对跟在后头拖着脚步，气喘吁吁，不时耍宝、打哈哈的苏格拉底大声喊道："老头，加油啊！看你能不能抓到我！"

在一条又长又直的小路上，我回头看，以为会看见苏格拉底蹦蹦跳跳而来，却始终没看见他的踪影。我停下脚步，吃吃笑着，怀疑他会向我突袭。嗯，我就让他在前头等等，纳闷我跑到哪儿去好了。我坐在山边，视线越过海湾，抛向远方熠熠发光的旧金山市。

这时风儿开始低语，我警觉到事情不大对劲。我一跃而起，全速往回跑。

我在转弯处发现苏格拉底，他脸朝下趴在寒冷的泥土地上。我立即蹲下去，轻轻地将他的身子翻过来，凑到他的胸口，我发觉他没有心跳。"天哪，哦，我的天哪！"一阵冷风呼啸着吹过峡谷。

我把苏格拉底的身体放下，为他做人工呼吸。我拼命地压他的胸膛，越来越惊慌失措。

最后，我只能轻轻对他低语，双手抱着他的头："苏格拉底，不要死，请不要死，苏格拉底！"是我建议来跑步的，我记得他吃力地跑上连接道，上气不接下气，但愿……太迟了。我满腔怒火，感到一种前所未有的暴怒。

"不可以！"我对着上苍嘶吼，痛苦的叫声回荡在山谷，吓得鸟儿飞离鸟巢，飞到安全的天空中。

苏格拉底不会死，我才不会让他死。我感到有股气流在我的手脚和胸膛中奔流，我要把所有的气都灌给他，就算这意味着我难逃一死，我也乐于付出这个代价。"苏格拉底，活过来，活过来！"我双手按着他的胸膛，指头戳进他的肋骨。我有触电的感觉，看到我的手在发光，我摇着他的身体，全心全意希望他的心脏恢复跳动。"苏格拉底！"我喝令道，"给我活过来！"

但是没有半点迹象……什么都没有。我心里没了主意，我崩溃了。一切都结束了。我静静坐着，泪如雨下。"拜托，"我抬起头，看着银色的云朵飘过月亮，“拜托，”我对从来没见过的神明说，“请让他活过来！”最后，我停止挣扎，停止希望。我能力不足，我辜负了他。

两只小兔子跳出树丛看着我。我凝视着老人失去生命的身体，轻柔地将他抱在怀中。

就在这时，我感觉到它——很多个月以前我经历过同样的“灵”。它充满了我的身体，我呼吸着它，它呼吸着我。“请，”我最后一次说，“请用我取代他。”我是当真的。说时迟那时快，我感觉到苏格拉底的颈部脉搏开始跳动。我立刻把头靠在他的胸膛上，听到这位老勇士强健而又有节奏的心跳声在我耳边扑通扑通响。我把气吹进他的肺里，直到他的胸膛鼓起，自动起伏。

苏格拉底终于睁开了眼，我激动得又哭又笑。月光像水银一样，洒遍我们全身，那两只兔子皮毛闪闪发光，注视着我们。我开口讲话，兔子听到声音，跑回树丛里。

“苏格拉底！你还活着！”

“我看得出来你的观察力还是老样子，跟剃刀一样的锐利。”他有气无力地说。他挣扎着想要站起来，但是身体抖得太厉害。我把他扛在肩头，就这样走了两公里多的路，终于到了小径的尽头。在那里，夜间管理员帮我打电话叫来了救护车。

一路上，他安静地伏在我的肩上休息，他的重量压得我汗流浃背。他偶尔会开口说：“旅行就该像这样才对，我们以后应该多多旅行。”或者是：“马儿，快跑！”

我等苏格拉底进了医院，在加护病房安顿下来以后才回家。那天晚上，我又做了那个梦，这次死神把魔爪伸向苏格拉底，我大叫一声，然后惊醒。

● ● ● ● ● ●

次日，我到医院陪了他一整天。他大部分时候都在沉睡，但是那天将近傍晚时，他想和我谈一谈。

“那么，这到底是怎么回事？”

“我发现你躺在地上，心跳停了，没有呼吸。我决心要让你活过来。”

“当时你感觉如何？”

“苏格拉底，怪就怪在这里。起先我觉得体内有一股气在流动，我设法把气灌给你。我差一点就要放弃了，那时……”

“千万别说‘死’这个字。”他声明。

“苏格拉底，这可是很严肃的事！”

“继续讲吧，我在为你加油喝彩，我迫不及待想知道到底是怎么回事。”

我笑道：“是怎么回事，你清楚得很。你的心脏又开始跳动了，不过是在我放弃灌气以后。是我以前感受到的‘灵’，是它启动了你的心跳。”

他颔首：“你感觉到了它。”他并不是在提出问题，而是在做一项陈述。

“是的。”

“这是很好的一课。”他说，一边轻轻伸了个懒腰。

“什么一课呀！你心脏病突然发作，而那竟然是给我上了很好的一课？这难道是你对这件事的看法吗？”

“没错，”他说，“而且我希望你会善用从这一课学到的教训。不论我们看起来有多坚强，我们每个人都有隐藏起来的弱点，这个弱点说不定就是我们的致命伤。以下是门规：每一种力量都有相对应的弱点，每一个弱点都有相对应的力量。我从小到大一直有个弱点，就是我的心脏，而我年轻的朋友你呢，你有另一种‘心病’。”

“我有吗？”

“有的。你尚未向人生、向每一分每一秒完完全全敞开你的心。所谓的和平勇士之道并不是说，人在面对世界、生命和你所感觉到的‘灵’的时候，好像身披铁甲金胄，刀枪不入，而是表现出彻底的脆弱，容易受到伤害。我一直举出种种例子，就是想让你明白，勇士的生命与想象中的完美或胜利无关，而是与爱有关。爱就是勇士的剑，剑挥向哪里，就把生命，而非死亡带到哪里。”

“苏格拉底，请给我讲讲爱吧，我想了解。”

“爱并不是需要了解的事，爱只能体会。”

我低头看着他，领悟到他竟做出了那么大的牺牲。他明明知道自己有心脏病，却还是陪我一起修炼，从不退缩，这一切的一切，都只是为了保持我的兴趣。我热泪盈眶：“苏格拉底，我……”

“哀伤并不够好。”

我从惭愧转为泄气：“你这个老魔头，有时真会气死人！你要我付出什么？血吗？”

“愤怒也不够。”

“苏格拉底，你根本是个疯子。”我笑着说。

“好啦，这就对啦，要笑才够好！”

我们一同笑着，直到他轻声吃吃地笑，然后进入梦乡。我悄悄离去。

第二天上午我回去看他时，他气色好多了。我立刻质问他：“苏格拉底，你为什么坚持要陪我一起跑步，又蹦又跳？你明明就知道自己随时可能会因为这样而赔上一条命。”

“最好是好好活着，直到一死。”他说，“我是勇士，因此我的人生道路就是行动。我是师父，所以必须以身作则。有朝一日，你也可能会像我教导你这样去教别人，到时候，你就会了解为什么言教是不够的。你也必须以身作则，把你从经验中体会到的一切，传授给别人。”

接着他讲了一个故事：

一位妇人带着稚子去见圣雄甘地，她恳求道："圣雄，求您叫我儿子别再吃糖了。"

圣雄沉吟半晌，说："两个星期后再把你儿子带来。"妇人大惑不解，谢过甘地后，说她会照他的吩咐去做。

两个星期后，她带着儿子回来。甘地看着孩子的眼睛说："别再吃糖了。"

这妇人感激归感激，却也很迷惑，于是问道："您为什么叫我两个星期后再带他来呢？您当时大可跟他讲同一句话呀！"

甘地回答："两个星期前，我自己也在吃糖。"

"所以，丹，请记住，身体力行你所教的事，只教你已经身体力行的事。"

"除了体操外，我还要教什么呢？"

"以目前来说，体操就够了，利用它来传授课程。"他说，"先给人们他们想要的东西，直到他们想要的，正是你想传授给他们的。教人怎么空翻，直到有人要求学更多。"

"我又怎么会知道他们想要更多东西呢？"

"到时自然会知道。"

"苏格拉底，你确定我天生注定要当老师吗？我不大想当老师。"

"看起来你正往那条路走去。"

"这倒让我想起很久以来一直想要问你的一件事，你好像常常能看穿我的心思，知道我的未来。我以后也会拥有诸如此类的力量吗？"

苏格拉底闻言，伸手打开电视，看起卡通片。我关掉电视，他转向我，叹口气说："我还想指望你永远不会对力量着迷呢。这会儿，问题既然出现了，我们最好把它解决掉。好的，你想知道什么？"

"嗯，首先，预言未来。你有时似乎有预言能力。"

"预言未来是基于对当下现实的认知，除非你已经可以看清当下，否则别对预知未来这回事产生兴趣。"

"嗯，那么看穿别人的心思呢，这件事又是怎样的？"我问。

苏格拉底叹口气说：“首先，你最好学会看穿自己的心思！”

“大部分时候，你好像都可以看穿我的心思。”

“你的心思很容易看穿，喜怒哀乐全写在脸上。”

我脸红了。

“懂我的意思了吧？”他笑道，指着我涨红的脸，“不必懂魔术，也能读懂一个人的脸。打扑克牌的人就是一直在用这招的。”

“可是真正的力量又是怎样的呢？”

他从床上坐起来说道：“丹，特别的力量的确存在。可是对勇士来讲，这些都是不相干的事，别被华而不实的事物所蒙骗，勇士所能仰赖的，只有爱、仁慈与服务他人和快乐的力量。你无法得到快乐，而是快乐得到你，可是，只有在你放弃其他一切以后，快乐才会上门来。”

苏格拉底似乎越来越疲倦，他打量了我一会儿，似乎做了什么决定，然后以温和却坚定的语气，说出我最怕听到的一段话：“丹，你已经准备好了，但是你仍陷在困境中，仍在寻觅。那就这样吧，你就继续寻觅，直到你厌倦了为止。接下来，远行一阵子，去找寻你必须找寻的，去尽量学习，然后我们再见面。”

我激动得声音颤抖：“要多久？”

他的回答令我震惊：“九年或十年应该就够了。”

我突然感到一阵惊惶，说：“我无处可去，没有其他地方是我想去的。让我留下来陪你吧！”

他闭上眼睛，叹口气：“小兄弟，要有信心。你的路会指引你方向。你不会迷路的。”

“可是，我什么时候可以再见到你？”

“你的寻觅结束时，真的结束时，我会去找你。”

“我什么时候会变成勇士？”

“丹，勇士不是你可以变成的事物。道路本身创造勇士。现在，忘了我，走吧，然后容光焕发地回来。”

然而我已越来越依赖他给我意见，依赖他那凡事笃定的气度。我浑身发抖，走到门口，然后转身，最后一次望进那双明亮有神的眼睛里。“苏格拉底，我会做你所要求过一切，只除了一样：我永远不会忘了你。”

● ● ● ● ● ●

我步下台阶，踏进市区街道，再走上校园里蜿蜒的坡路，开始进入不可知的未来。

我决定搬回故乡洛杉矶，便将我的老“勇士”汽车开出车库，把在伯克利的最后一个周末都用来打包行李，准备离开。我想起琳达，走到街角的电话亭，拨了她的号码。听见她犹带睡意的声音时，我顿时知道自己想做什么。

“甜心，我要给你一个惊喜。我要搬到洛杉矶，你明天早上可不可以尽快飞来？我们可以一起开车南下，有件事我们需要讨论一下。”

电话另一端沉吟了半晌：“我很乐意！我会搭早上八点的飞机。”她停顿良久，接着说：“丹，你想讨论什么事？”

“这件事我得当面问你，不过可以给你一个暗示：有关分享我们的人生，有关宝宝，还有早上醒来的拥抱。”她这一回停顿得更久了。

“琳达？”

她的声音颤抖：“丹，我现在不方便讲话，我明天一早会搭飞机过去。”

“我会在机场接你。再见，琳达。”

“再见，丹。”

我早上抵达机场时，她已经站在那儿，眼神明亮，一头红发令人目眩神迷，她真是个美女。她笑着奔向我，展开双臂拥抱我：“丹，再度抱着你的感觉真好！”我感觉得到她身体的暖意渗入我的肌肤。我们很快走到停车场，一开始却找不到什么话可说。

我把车开回提尔顿公园，向右转，往上开到灵感峰。我早已计划好，因此请她坐在墙头。正要提出那个问题时，她一把抱住我，说："我愿意！”然后哭了起来。“我说错了什么吗？”我有气无力地开玩笑说。

我们在洛杉矶举行了婚礼，婚礼简单但温馨美好。我感到非常快乐，但同时也感到莫名的沮丧。我在午夜醒过来，蹑手蹑脚走到蜜月套房的阳台上，悄然无声地哭了。为什么我会觉得好像失去了什么，好像忘记了什么重要的事物？那股感觉始终伴随着我。

我们很快在一间新公寓里安顿下来，我尝试卖人寿保险，琳达则找到一份兼差，担任银行出纳。我们的生活舒适安定，但是我忙得抽不出空多陪陪新婚妻子。每当夜深人静，在她熟睡时，我静坐；等到一大早，我会练练身手。没多久，我的工作量就大到没多少时间能做这些事，我所有的修炼和戒律开始渐渐退步。

从事业务工作半年后，我再也受不了了。我和琳达坐下来，进行这么久一段时间以来的第一次长谈。

“甜心，我们搬到北加州，另找工作，你看怎么样？”

“丹，你要是真想这么做，就这样好了。况且，住得离我娘家近一点，说不定挺好的，他们很会照顾小孩呢。”

“照顾小孩？”

“对呀。你要当爸爸了，感觉如何呀？”

“你是说，一个宝宝？”我将她轻轻抱进怀里，良久良久。

从今以后，我不能走错一步路。搬到北部的第二天，琳达回娘家，我则出去找工作。我从以前的教练霍尔那里听说，斯坦福大学有个男子体操教练的空缺。当天我就去面试，然后开车到岳父岳母家，告诉琳达这个消息。我到达时，他们说斯坦福大学体育组主任打电话给我，表示要给我那份教练的差事，九月开始上班。我接受了。

八月底，我们漂亮的女儿郝丽诞生，我们搬进一间舒适的公寓。一开始，我们一家三口很满足，但是不久之后我就一头栽进工作里，负责为斯坦福研发一套强劲有力的体操计划。每天清晨，我都要跑上好几公里，穿越高尔夫球场，然后独坐在湖畔。我的能量和注意力再度向四面八方飞扬，可悲的是，一点也没有朝着琳达飞过去。

一年在不知不觉中过去了，一切都进行得相当顺利，我无法了解自己为何老是觉得好像在很久以前失去了什么。而我在苏格拉底指导下进行修炼的一幕幕鲜明的影像，比如在山间跑步、深夜的奇异练习、一连好几个钟头和我谜一样的师父谈话，看着他，倾听着他，凡此种种都化为了褪色的回忆。

我和琳达结婚满一年后不久，她告诉我，想去看婚姻咨询师。这对我来说简直就像晴天霹雳，我还以为我们终于能够放松下来，有多一点的时间相处。

婚姻咨询师的确有帮助，但我和琳达之间已蒙上了阴影，说不定早从我们结婚的当晚，那阴影就存在了。她越来越沉默寡言，什么都埋在心底，带着郝丽一同活在她自己的世界里；而我每天下班回家时，早已筋疲力尽，没有多少精力照料她们母女俩。

我在斯坦福任职的第三年，向校方申请位于大学住宿区内的教职员宿舍，好让琳达能够多多接触其他人。不久之后，情况显示此举成效卓著，特别是在感情这件事上，她建立起自己的社交圈，我则卸下我不能或不愿履行的重责。接下来的春天，我和琳达分居，我更加寄情于工作，再度开始内在的追寻。早上我和一群人一起在体育馆坐禅，晚上则研习合气道。我越来越勤于阅读，希望能为我未完成的事找到一些线索、方向或答案。

之后欧柏林学院聘我为老师，那是位于俄亥俄州的一所文理学院，学生必须住校。这似乎可以为我们的婚姻提供第二次机会，我对于幸福的探讨追寻更加积极，并且开设了“身心发展”以及“和平勇士之道”等课程，传授我从苏格拉底那里学来的一些观点和技巧。在那儿任教的第一年结束时，校方给了我一笔特别补助款，让我得以出门旅行，在我选择的领域中进行研究。

● ● ● ● ● ●

那年夏天，我和琳达告别，暂时抛下她和我的小女儿，出发去进行新的追寻。

我走访了许多国家和地区，包括美国的夏威夷、日本、中国香港和印度等。我在这些地方接触到了不凡的导师，还有各门派的瑜伽、武术和信仰。我拥有了很多体验，发现了伟大的智慧，却遍寻不到永恒的安宁与祥和。

旅途即将结束时，我变得更加绝望，最终不得不面对在我心里回荡的问题：“何谓开悟？我的心灵何时才能找到安乐？”苏格拉底讲过这些事情，当时我却有耳无心，没把话听进去。

我到达旅途的最后一站，也就是葡萄牙海岸的卡斯凯斯村时，这两个问题仍持续不断地重现，更加困扰着我的心。

一天早上，我在一片孤立绵延的海滩上醒来，当时我已经在那露营了几天。我的目光飘向大海，浪潮正逐渐吞噬我费了好一番功夫才用沙和木头搭起的城堡。

不知怎的，我联想到自己的死亡，还有苏格拉底想告诉我的事情。他的话语和手势一点一滴重现，就好像我用来搭城堡的小树枝，四散漂浮在浅浅的碎浪中：“丹，想想你不知不觉流逝的生命，有一天你会发觉，死亡与你想象的不同，人生也与你想象的不同。死亡也好，人生也好，都可能很奇妙，充满着变化；但是，倘若你不醒过来，两者都可能令人失望。”

他的笑声在我的记忆中回荡，我想起发生在加油站的一件事。

> 我当时表现得懒洋洋、了无生气，苏格拉底抓住我，摇晃着我的身体：“醒过来！如果你知道自己得了绝症，没剩下多少天可以活，那你就不会浪费一丝一毫宝贵的时间！丹，我告诉你，你的确得了绝症，它叫作出生。你没剩几年可活了，大家都一样！所以，现在就给我快乐起来，没有理由的快乐，否则你一辈子都不会快乐。”

我开始感觉到一种可怕的急迫感，但我无处可去。于是，我留下，在海边流浪，从未停止梳理心事。“我是谁？何谓开悟？”

很久以前，苏格拉底跟我说过，即使是对勇士而言，也没有战胜死亡这回事，而只能体会到，我们究竟是谁。

我躺在阳光下，想起曾在苏格拉底的办公室剥洋葱剥到最后一层，要看看“我是谁”；我想起塞林格小说中的一个人物，那人在看到某人喝牛奶时说：“那就好像把上帝倒进上帝之中，如果你懂我的意思。”我想起庄子的梦：庄子入睡，梦见自己是蝴蝶，醒来时，他自问：“究竟是我这个人梦到自己是蝴蝶？还是一只睡着的蝴蝶梦见自己是人呢？”

我走到沙滩上，嘴里不断哼着一首儿歌：

> 划呀，划呀，划船呀，沿着小溪，顺流而下，
> 快活呀，快活呀，快活呀，人生不过梦一场。

一天下午散完步后，我回到扎在岩石后方、赖以遮风挡雨的营帐，从背包里掏出我在印度随手买来的旧书，一本粗糙的英译本，说的都是有关修行的民间故事。我信手翻阅，看到一则有关开悟的故事。

米拉日巴四处寻求开悟之道，却找不到答案。直到有一天，他见到一位老人背着沉重的行囊，缓缓走下山间小路。米拉日巴立刻意识到，那位老人知道他苦寻多年的秘密。

“老先生，请告诉我您所知道的事情。何谓开悟？”

那老人对他微笑了一会儿，卸下肩头沉重的负担，站直身子。

“是的，我明白了！”米拉日巴喊道，“不胜感激。不过，请容我再请教您一个问题，开悟之后是什么呢？”

老者又微笑，再拿起行囊，扛在肩上，调整好重担的位置，继续上路。

当晚我做了一个梦。

我在一座大山的山脚下，周围一片漆黑，我翻开每一块石头，寻找宝石。山谷笼罩在黑暗中，我因而找不到宝石。

接着，我抬头仰望闪闪发亮的山顶。要是真的有宝石，一定在山顶。我爬了又爬，展开艰险的旅程，持续了许多年。最后，我总算到达旅程的终点，沐浴在明亮的光芒中。

我眼前一片清朗，但还是找不到宝石。我俯瞰脚下远方的山谷，多年以前我就是从那里开始登山的。这时，我才领悟到，那宝石一直在我身体里面，即便是当下此刻，那宝石始终璀璨发光，只是我的眼睛一直没张开。

我在半夜醒来，月光皎洁明亮，夜里的空气温暖，世界一片静谧，只有海浪拍岸那富有韵律的声音。我像是听到苏格拉底的声音，但我明白那不过是另一个回忆而已：“丹，开悟并不是一种成就，而是一种体会。你醒来时，一切都改变了，同时又什么也没有改变。”

我坐着，望着月光在海面上粼粼发光，将远方的山峰蒙上一层银辉。那个关于山，关于水，关于大追寻的格言是怎么说的呢？

见山是山，见水是水，
见山不是山，见水不是水，
见山又是山，见水又是水。

我起身，奔向海滩，纵身跃入黑暗的海洋，游到离碎浪很远的地方。我停下来，涉水行走，突然感觉到有什么游过脚下某处深而漆黑的所在。有什么正冲着我而来，速度非常快——是死神。

我拼命游回岸边，躺在潮湿的沙滩上，不停地喘气。一只小螃蟹在我眼前爬过，钻进沙里，这时一道海浪打来，冲过小螃蟹。

我站着把身体擦干，穿上衣服，就着月光收拾家当，然后背上背包，对自己念念有词，复述一位导师说过的，有关寻求开悟的一小段教诲：

最好永远不要开始；一旦开始，最好完成。

我知道，是时候回家了。

• • • • • •

客机在机场跑道上降落时，我对我的婚姻和生活越来越感到焦虑。六年过去了，我觉得自己变老了，却没有增长丝毫的智慧。我可以对妻女说什么呢？我会不会再见到苏格拉底……真要见到，又能带给他什么呢？

我下飞机时，琳达和郝丽正等着我。郝丽高兴地边欢呼边跑向我，紧紧抱着我。我和琳达的拥抱轻柔而温暖，但缺乏真正的亲昵，仿佛在拥抱老朋友。时间和经历显然已经将我们引到不同的方向，我不在期间，琳达并不寂寞，她有新的朋友和亲密关系。

也许是巧合，当我回到欧柏林后不久，我认识了一个很特别的人：一个学生，一个可爱的妙龄女郎，名叫乔伊斯。她有一头短短的黑发，前额留了刘海，覆在俏丽的脸蛋和灿烂的笑容上方。她身材娇小，活力十足。我强烈地被她所吸引，我们只要一有空就会相聚，散步、谈天或在植物园里绕着平静的水面漫步。我可以自在地跟她交谈，但和琳达谈话时却无法做到这点，倒不是因为琳达无法了解，而是两个人的人生道路和兴趣在不同的地方。

乔伊斯在春季毕业，她想待在离我不远的地方，但我认为我对婚姻还有责任，我们不得不忍痛分手。我知道我永远也忘不了她，可是我必须把家人放在最前面。

冬季过了一半的时候，我和琳达、郝丽搬回北加州。也许是我太专注于工作和我自己，我们的婚姻遭受了最后的打击，然而一切的恶兆都比不上结婚当夜我所感受到的阴影那样令人悲哀。自那晚开始，恼人的怀疑和忧郁始终萦绕在我心头挥之不去。我老是在怀疑，因而感到痛苦，总觉得自己有什么该记得的却记不起来，有什么多年以前就被我遗忘了，只有跟乔伊斯在一起时，我才能摆脱这种感觉。

离婚后，琳达和郝丽搬进一间不错的老房子，我继续埋首工作，并在伯克利青年会教授体操与合气道。

我想去加油站，那股渴望叫人难受，可是苏格拉底没叫我回去我是不会回去的。况且，要怎么回去呢？这么多年过去了，我却拿不出成绩给他看。

我搬到帕罗奥托独居，和以前一样孤单。我常想到乔伊斯，但我知道自己没有资格打电话给她，我仍有未了的事情。

我重新开始修炼，运动、阅读、静坐，继续把问题推进心底深处，像插剑似的，越推越深。过了几个月，我开始感觉到重生的幸福感，这是我多年以来未曾感受到的。在这期间，我开始写作，把我和苏格拉底相处的经过，写成好几册笔记，我希望借着重温往事，提供自己新鲜的线索。自从他要我离开之后，没有一件事是真正改变过的，起码我看不出来。

一天早晨，我坐在小公寓前门的台阶上，俯瞰着高速公路。回想过去这八年来的时光，一开始时，我是个傻瓜，后来差一点变成勇士，接着苏格拉底教导我进入这个世界学习，而今我又变成了傻瓜。

整整八年似乎都白费了。这会儿，我坐在台阶上，视线越过底下的城市，凝望着远山，突然之间，我的注意力集中了，山开始浮现一抹柔光。就在刹那间，我知道自己应该做什么了。

我卖掉寥寥无几的家当，把行囊捆扎妥当，搭着便车南下。时值夏末，正是迷失在山间的大好季节。

第8章
大门敞开

在爱迪生湖一带的一条窄径上，我开始徒步旅行，深入苏格拉底提过的地区，往上爬，深入荒野的核心。我感觉得到，就在这山间，我将找到答案，不然就只有一死。有关这两件事情，我并没有想错。

我徒步上山，穿越高山草原，走在花岗岩山峰之间，在浓密的松林和枞树林中蜿蜒前进，直入高处的湖区。那儿的人口比美洲狮、鹿和小蜥蜴还稀少，当我走近时，不时有蜥蜴从岩石下面逃窜而出。

将近黄昏时，我扎好营。第二天，我走到更高的地方，穿越林线边缘的大片花岗岩，攀上巨大的圆石，越过峡谷和深谷。下午，我采撷可以吃的根茎和浆果，在清澈的水畔躺下。这似乎是多年以来的头一次，我感到满足。

下午，我独自漫步在荒野之间，穿过枝丫纠结的林荫，回到营地。接着我燃起营火，又吃了一点东西，在一棵高耸的松树下静坐，将自己交给群山。群山有什么要给我的，我来者不拒。

天黑以后，我就着燃烧的营火，烤暖手和脸，突然间，苏格拉底从阴影中走出来。

“我正好在这附近。”他说。

我半信半疑、又惊又喜，一把抱住他，笑着和他玩起摔跤，把他摔到地上，弄得两人一身是土。我们拍去身上的灰土，坐在火边。“老勇士，你看起来几乎没变样，完全不像一百岁。”他看起来是老了些，不过带着灰斑的眼睛依旧炯炯有神。

“你呢，正相反。”他咧嘴笑了笑，把我上上下下打量了一番，“看起来老多了，却没变聪明多少。告诉我，你学到什么没有？”

我长长地叹了一口气，瞪着火光：“嗯，我学会了泡茶。”我将小壶放在临时搭成的炉火上，准备用我这一天在路上采来的草药泡茶。我没料到会有客人，于是将杯子递给他，自己改用一只小碗盛着茶。最后，我打开了话匣子，说着说着，长久以来所累积的绝望感终于重重地向我袭来。

“苏格拉底，我没有什么可以贡献给你，我仍然迷失，离大门的距离并没有比我们第一次见面时更近多少。我让你失望了，生命也让我失望，生命打破了我的心。”

他却喜形于色：“对啦！丹，你的心被打破了，破了以后裂开来，就露出大门，它正在里头闪闪发亮呢！只有那里，你没去找过，笨蛋，张开眼睛吧，你就差一步啦！”

我困惑又气馁，只是无助地坐在那里。

苏格拉底再次保证：“你差不多就要到了，很接近了。”

我急忙抓住他的话锋：“接近什么？”

“终点。”一时之间，一股寒意爬上我的背脊。我很快爬进睡袋，苏格拉底也摊开他的睡袋。那晚我最后的印象，是我这位师父的眼睛，明亮有神，好像看穿了我，看穿了火光，看进了另一个世界。

● ● ● ● ● ●

当第一道晨曦微露时，苏格拉底已经起身，坐在溪畔。我陪他静静坐了一会儿，把小石头抛进潺潺流水中，聆听石头落水时的扑通声。他一语不发，转过头来，细细端详着我。

整个白天，我们逍遥自在地爬山、游泳、晒太阳，当晚，苏格拉底告诉我，他想听我细说自遇见他之后的种种感受，所有我还记得的全部说出来。我接连讲了三天三夜，把储存的记忆一股脑儿掏空。苏格拉底除了简短发问外，从头到尾都没怎么开口。就在日落以后，他示意我跟他一起坐在营火边。我和老勇士两人静静盘坐在山巅柔软的土地上。

“苏格拉底，我所有的幻象都消逝了，但是好像没有留下什么来取代这些幻象。你曾经让我看到追寻是徒劳无益的，可是和平勇士之道不也是一条路径，不也是一种追寻吗？”

他笑着摇摇我的肩膀：“过了这么久，你总算提出有意思的问题了，而答案呢，就在你眼前。打从一开始，我就对你指出和平勇士的道路，而不是走向和平勇士的捷径。你只要沿着这条路走，就是个和平勇士。过去八年中，你放弃了你的‘勇士身份’，好去追寻这条路，但是这条路就是当下——它一直都在。”

“那我现在该怎么做呢？我该何去何从？”

“谁在乎呀？”他兴高采烈地嚷道，“渴望一旦得到满足，傻子就会很‘快乐’；而勇士却会莫名其妙、毫无理由地感到快乐。所以，快乐是最终极的戒律，比我教过你的其他戒律都重要。快乐并不是你感觉到的一种事物，快乐就是你，就是你本身。”

我们再度爬进睡袋里，在红色的火光映照下，苏格拉底容光焕发。“丹，”他轻声说，“这是我交付给你的最后一项任务，永续的任务。在这个世界上，要表现快乐、感到快乐，不需要任何的理由。接着你就能去爱，去做你想做的事。”

困意逐渐涌来，我合上眼，轻声说："但是，苏格拉底，有些人与事是很难去爱的，永远感到快乐似乎是不可能的事。"

"丹，感觉是会改变的，有时悲哀，有时愉快。不过请记得，在种种感觉底下，你眼前展开的这个人生，它的本质是圆满的。这就是莫名其妙的快乐的奥秘。"听完最后这几句话，我睡着了。

天刚破晓，苏格拉底就把我摇醒。"前面有好长一段路要走。"他说，我们随即出发，走向高山。

苏格拉底爬坡的步伐变慢，只有这件事显示出他年事已高、心脏虚弱。这又让我想起我的师父身有宿疾，想到他做出的牺牲，我永远不会再虚度与他相处的时光。我们爬到更高的地方时，我记起一则奇怪的故事，我以前一直不懂，直到此刻才了解。

> 一位圣女走在山崖边，她看到脚底七八米深的地方，有头死去的母狮，身旁围绕着饿得哀哀哭泣的幼狮。圣女毫不犹豫，纵身跳下山崖，舍身喂幼狮。

说不定在另一个时空里，苏格拉底也会做同样的事。

我们大部分时候都默不作声，越爬越高，穿过树木稀疏的崎岖地面，爬到林线上方的山峰。

"苏格拉底，我们要去哪里？"我们坐下来歇息时，我开口问道。

"我们要到一座特别的山，一个神圣的地方，是附近这一带最高的高原。它是美洲先民部落的埋葬地。这个部落小到连史书上都没有记载，但是这些人的确孤独且与世无争地活过、工作过。"

"你怎么会知道这件事？"

"我的祖先和他们生活过。我们上路吧，天黑以前得赶到。"

眼前这一刻，我很乐意全心信赖苏格拉底，但我仍感到忐忑不安，觉得自己置身于致命的险境中，而他还有什么瞒着我。

太阳低垂天边，透露着不祥的意味，苏格拉底加快脚步。我们呼吸沉重，深陷在阴影中，从一块巨石，又跳又爬，上到另一块巨石。苏格拉底的身影没入两块巨石之间的裂缝。

我跟在他之后，走进两石之间的狭窄坑道，又走进旷野中。“万一你一个人回来，就得走这条通道。”苏格拉底对我说，“它是唯一的进出路径。”我正想开口问，他就示意我安静。

我们翻过最后一个山坡时，暮色正要从天边隐没。在我们的脚下，是一处碗形的洼地，四周耸立着峭壁悬崖，洼地笼罩在阴影当中。我们往下走进洼地，直奔一座锯齿状的山峰。

“我们快到埋葬地了吗？”我紧张地问。

“我们脚下就是。”他说，“我们正站在一个古老民族、一个勇士部落的魂魄之间。”

风向我们袭来，仿佛在替苏格拉底加重语气。接着，传来一阵我所听过最令人毛骨悚然的声音，好像有人在呻吟似的。

“这吹的是什么怪风啊？”

苏格拉底并没有回答，在面对悬崖的一个黑洞前面停下，说：“咱们进去吧。”

● ● ● ● ● ●

我的本能拼命发出危险警示信号，但是苏格拉底已经进去了。我打开手电筒，把呻吟的风抛在脑后，随着他微弱的灯光，一同深入洞穴。我的手电筒射出摇曳的光线，照亮坑洞和裂缝，可是我看不见底。

“苏格拉底，我可不想被埋在这深山野外。”他瞪了我一眼，但随即走向洞穴的出口，我松了口气。不过洞外和洞里也没什么差别，一样的黑暗。我们扎好营，苏格拉底从背包里拿出一捆木柴，“我就猜想大概用得上。”他说。不久，营火噼啪作响，火焰吞噬着木柴，我们的身体在面前的洞壁上投射出怪异、扭曲的影子，狂野地跳着舞。

苏格拉底指着影子说：“洞穴里的这些影子是一种根本的影像，映照出幻象和真实、痛苦和快乐。柏拉图宣扬过一个古老的故事：以前有一个民族，终生都住在幻象洞穴里。数代之后，他们逐渐以为自己投射在洞壁上的影子，就是真实的实体。只有神话和宗教故事才有比较光明的一面。这个民族执迷于影子的闪动变化，越来越习惯并受制于黑暗。”

我盯着影子瞧，感觉背后有温暖的火光。苏格拉底继续说：“丹，古往今来，都不乏有福之人，他们从未受制于洞穴。有些人厌倦了影子的把戏，产生疑问，不管影子窜得有多高，都不再能令他们满足。他们成为追寻光明的人，其中少数幸运儿找到向导，向导指点了他们，带领着他们走出幻象，走进阳光中。”

我被这故事迷住，凝视着影子在黄色的火光中，在花岗岩壁上舞蹈。苏格拉底又说：“丹，所有的世人都被困在自己的心智所造成的洞穴中，无法自拔。只有少数勇士看见光明，挣脱束缚，放弃一切，因而能笑着走进永恒。我的朋友，你也会如此。”

“苏格拉底，这目标听起来难以企及，而且有点叫人害怕。”

“它是超越目标，超越恐惧的。一旦发生了，你就会看出是那么的简单明了、普遍、清醒又快乐。那不过是超乎阴影的真实罢了。”

我们静静坐着，只有营火噼啪作响的声音划破周遭的一片沉寂。我望着苏格拉底，他好像在等着什么。我感到局促不安，但是微弱的曙光照亮了洞口，让我精神为之一振。洞穴随即又笼罩在黑暗中，苏格拉底迅速起身，走到洞口，我紧随其后。我们走到洞外时，闻到臭氧的气味，我感觉得到静电使得我后颈汗毛直竖。这时，雷声轰隆隆响起，暴风雨来了。

苏格拉底猛一转身，面对着我，闪电大作，一道闪电击中远方一处山崖。“快！”苏格拉底说，语气之急迫，我以前从未听过，“没剩多少时间了，永恒就在眼前。”说时迟那时快，那感觉又来了，那感觉从未出过错，它在说：“小心！死神正悄悄逼近！”

这时，苏格拉底又开口，声音透露出不祥的意味，非常刺耳。“快，快回洞里！”我翻开我的背包想找手电筒，他却厉声喝道：“走啊！”我退回漆黑的洞，靠在岩壁上，屏息等他回来找我，他却消失不见了。

我正打算出声叫他时，有什么东西像老虎钳似的，用力地一把抓住我的后颈，拖着我往回走，走入更深的洞穴里，我吓得几乎要失去知觉。“苏格拉底！”我尖声喊道，“苏格拉底！”

那东西放开我的后颈，却有一种更可怕的痛苦袭来：后方有什么在压着我的脑袋。我不断尖叫，就在我的头骨快被那股蛮力压碎前，我听到一句话，无疑是苏格拉底的声音：“这是你最后的旅程。”

● ● ● ● ● ●

咔嗒一声，痛苦消失了。我全身一软，瘫倒在地，发出轻轻的撞击声。在短暂的亮光中，我看到苏格拉底就站在我的上方，低头看着我。雷鸣从另一个世界传来，就在此时，我知道自己奄奄一息。

我的一条腿掉进深坑里，软弱无力地垂挂着，苏格拉底把我推到绝壁的上方，推入一个深渊里，我往下坠，身子弹跳着，撞上岩壁，掉进地心深处，然后通过一个开口，被高山送进阳光中，我那遍体鳞伤的身子旋转而下，最后落在极下方一处湿润的青草地上。

我的身体现在是一团破碎扭曲的肉，食腐鸟、啮齿类动物、虫子和蛆都前来食用，而我以前幻想着这团肉就是“我”。时间过得越来越快，日子飞快过去，天空明灭不定，一忽儿亮，一忽儿暗，闪烁得越来越快，终而明暗不分，日子变成了星期，星期变成了月份。

季节递嬗，残骸开始在泥土里腐烂，肥沃了土壤。冬季结冻的雪暂时保存了我的骸骨，可是季节以越来越快的周期飞逝，就连骨头也化为尘土。花朵和树木得到我肉身的滋养，在草地上欣欣向荣，而后枯萎。最后，就连草地也不见了。

我成为食腐鸟的一部分，它们曾大口吃我的血肉。我也成为那些虫子和啮齿类动物的一部分，变成在生死大循环中猎食它们的动物的一部分。我成为它们的祖先，直到它们最终也回归大地。

很久以前活过的那位丹·米尔曼永远消失了，生命只是转瞬一刻。但是我在历经所有的时代以后，却始终不变。如今，我是我自己，是观察万事万物的意识，我就是万事万物。我每个部分永远会持续下去，永远在改变，永远新鲜。

如今，我领悟到那死神，丹·米尔曼如此畏惧的那个死神，不过是他的一个大幻象。因此他的生命也不过是个幻象，是个难题，充其量只是意识忘形时一桩好笑的事件。

丹活着时，并没有通过那扇大门，并没有体会到自己真实的本性；他单独一人活在终将一死的人生与恐惧中。

可是，我知道。但愿他当时就知道我此刻明白的事。

我微笑着，躺在洞穴的地上。我坐起来，倚靠着岩壁，望着那一片漆黑，我感到迷惑，却不害怕。

我的眼睛开始适应黑暗，看到有个白发男人坐在附近，对着我微笑。这时，仿佛从千万年以前的时空中，一切又都回来了，我回归到我这个终将腐烂的肉身，这令人一时悲从中来，但我随即领悟到，这也无关紧要，一切都无关紧要！

我觉得这件事很好笑，每件事都很好笑，于是大笑起来。我看看苏格拉底，我们的眼睛露着喜气，闪闪发光。他知道我明白了什么，我跳过去抱住他，我们就在洞穴里手舞足蹈，为我的死亡狂笑不已。

之后，我们收拾好行李，下山去。我们通过那条通道，穿过深谷，越过巨石地，朝基地营前进。

我没怎么开口说话，但不时发出笑声，因为我每次环顾四周，看着大地、天空、太阳、树木、湖泊和溪流，就会领悟到，这些通通是我，其间根本没有分野。丹·米尔曼长大成人的这些年来，一直挣扎着要“成为重要人物”。这根本就是越活越回去嘛！丹一直是一个人，有颗恐惧的心和终将腐烂的身体。

我心想，好啦，这会儿我又在扮演丹·米尔曼了，我最好在永恒中的这几秒钟里，重新习惯这件事，直到这几秒钟也消逝为止。不过如今我已明白，我不光是一块肉而已，这个秘密使一切都大大改观了！

我无论如何都无法描述这项了解带来的冲击，我只是清醒了。

我清醒着面对真实，不受任何意义或任何追寻的束缚，哪儿还有什么可以追寻的呢？我的死亡让苏格拉底的话语全都活过来了，这就是一切的所在，是伟大的改变。所有的成就，所有的目标，都同样的讨喜，也同样的多余。能量在我的体内运行，我幸福满溢，爆出笑声，发出这笑声的，是一个莫名其妙就会感到快乐的人。

我们就这样一路下山，经过最高处的湖泊，经过林线边缘，走进密林，朝向我们两天前或是一千年前扎营的溪畔。

我把所有的规章，所有的道德，所有的恐惧，都抛在山中，我再也不受控制，还有什么惩罚可以威胁我呢？我虽然没有行为守则，却感觉得到什么是平衡的、适当的和充满爱心的。我终于有能力发挥慈爱，苏格拉底就说过，有什么能比慈爱更宏伟有力呢？

我抛下我的心智，进入心灵之中。大门终于敞开了，我大笑着，跌跌撞撞地穿过大门，因为就连这扇门也是个笑话。那是扇无门的门，又一个幻象，又一个影像，是苏格拉底把它编织、放入我的真实结构中，他很久以前就承诺过会这么做。我终于看见呈现在眼前的一切，这条小径将绵延下去，永无止境，不过现在，它一片光明。

我们在天黑以前回到了营地。我们生起营火，吃了一点干果和葵花籽，这是仅存的余粮。直到这时，当火光明灭不定照在我们脸上时，苏格拉底才开口。

“你会失去它的，你知道的。”

“失去什么？”

“你的灵视。灵视是少有的，只有经过一连串不大可能的条件组合，才有机会得到；但它是一种经验，因此你会失去它。”

“苏格拉底，你说的大概是真的，可是谁在乎呀？”我笑着说：“我失去我的心智，而且似乎到处都找不到它了。”

他惊喜得扬起眉毛：“这样看来，我的工作已经完成，我的债还完了。”

“哈！”我咧嘴而笑，“你是不是在说今天是我毕业的日子？”

“不，丹，今天是我毕业的日子。”

他起身，背上背包，消失在黑暗中。

该回到加油站了，一切都是从那里开始。不知怎的，我觉得苏格拉底已回到那里，等着我。日出时，我收拾好背囊，拾步下山。

● ● ● ● ● ●

我花了几天才走出荒野，回到住的地方。难以相信不过才几个星期前，我离开公寓，那时我还是个没有希望的“重要人物”。

我卸下行李，驾车到伯克利，在下午三点来到熟悉的街头，苏格拉底还要好一阵子才会来上班。我停好车，走到校园。刚开学不久，我所经之处，每个人都称职地扮演他们自认的角色。

我朝北走上大学路，一路经过许多十字路口，我就像是快乐的幽灵，佛陀的幽魂。

我巴不得向人们附耳低语：“醒来吧！醒来吧！你自以为是什么的这个人马上就要死了，所以现在就醒来，让这番话满足你吧：不需要追寻，成就终究是一场空，它根本不会造成任何差异，所以，现在就快乐起来吧！爱是世界上仅有的真实，你知道，因为爱是‘唯一’。仅有的法则是诡论、幽默和改变，没有什么问题不问题的，问题从来就不存在，未来也不会存在。抛下你的挣扎，放开你的心智，丢掉你的忧虑，放松进入这世界。不需要抗拒生命，尽力而为就好。张开你的眼睛，看见自己远超过你的想象。你是世界，你是宇宙，你也是你自己和所有的人。一切都是上苍的美妙演出，醒来吧，重拾你的幽默，别担心，你自由了！”

我想把这段话告诉我所看见的每个人，不过真要这么做的话，他们八成会以为我疯了，甚至认为我是个危险人物。我知道，沉默是金。

商店纷纷打烊，苏格拉底再过几小时就要到加油站值班，我把车开到小山上，停好车，坐在俯瞰海湾的山崖边。我俯视远处的旧金山市区和金门大桥，可以感觉到一切，在海湾对岸青翠多林的山区里，鸟儿正安栖在巢里。我感觉得到城市的生命，成双成对的爱侣彼此拥抱，罪犯在作案，从事社会工作的义工正在贡献自己。我知道凡此种种，慈悲和残酷，崇高和低贱，神圣和猥琐，都是上苍这场演出的一部分。每个人都把自己的角色演得那么好！而我就是这一切，是其中每一个微乎其微的一部分。我凝望世界的尽头，热爱一切。

我合眼静坐，但马上体悟到，我如今无时无刻不在冥想，只不过眼睛是睁开的。

午夜过后，我把车子开进加油站，抵达时，服务铃响了一声。我的老友步出温馨明亮的办公室，他看来正值壮年，年约五十，体格瘦削、强韧，举止优雅。

他绕到驾驶座旁，咧嘴笑道："要加满油箱吗？"

"幸福就是加满的油箱。"我回答，而后沉吟半晌，我在哪里听过这句话呢？我需要想起什么呢？

苏格拉底加油时，我擦洗车窗。把车停在加油站后面，最后一次走进办公室。对我而言，这里俨如圣地，是一座看起来不像圣殿的圣殿。今天晚上，室内似乎电流充沛，绝对有什么正在进行，但我一点儿也摸不着头绪。

苏格拉底从他的抽屉里取出一本大笔记簿，递给我，由于年代久远，纸张都龟裂干枯了，簿里的笔迹则工整而秀气。"这是我的日记，记载着我的一生。你所有没问过的问题，都将在其中获得解答。我现在把这份礼物送给你。我能给你的，都给你了，现在要靠你自己。我的责任已了，但是你还有工作得做。"

"还剩什么没做的呢？"我微笑着说。

"你以后会写作，会教学，会过着普通的生活，学习如何在纷乱的世界中做个普通人，而且就某个层面来说，你已经不属于这个世界。做个普通人，这样就能对他人有所助益了。"

苏格拉底从座位上起身，把马克杯小心放在桌上，排在我的杯子旁边。我看着他的手，那只手闪闪发光，比以前都还要明亮耀眼。

"我觉得很怪，"他以惊讶的语气说，"我想我得失陪了。"

“需要我帮忙吗？”我心想他大概是肚子不舒服。

“不用。”他凝视着空中，好像这房间和我都已不复存在。他缓缓走到标示着“非请莫入”的那扇门，推开，走进去。

我不知道他是不是还好，我感觉得到我们在山上共度的时光使他筋疲力尽，可是这会儿他浑身的光芒却比以前都明亮。苏格拉底总是不合常理。

我坐在沙发上，望着那扇门，等他回来。我隔门嚷道：“嘿，苏格拉底，你今晚就跟萤火虫一样闪亮，难不成你晚餐吃了电鳗吗？今年圣诞节我一定要请你到我家吃饭，用你来装饰圣诞树，一定会很漂亮！”

我觉得门下的缝隙有光一闪而过。嗯，灯泡坏了，说不定可以让他快一点办完事。“苏格拉底，你难道一晚上都要待在里头吗？我还以为勇士是不会便秘的。”

五分钟过去了，十分钟过去了。我手捧着他宝贵的日记，坐在沙发上。我叫了他一声，又叫了一声，他都没有回答。我倏然明白了，这是不可能的，但是我知道确实发生了。

我一跃而起，奔到门口，用力推开门，力道之大，使得门撞到瓷砖墙上，在空无一人的洗手间里发出空洞的回音。我想起半晌之前的那道闪光，苏格拉底发着光，走进洗手间，而后消失无踪。

我站在那儿良久，听见熟悉的加油站服务铃，而后是车子的喇叭声。我走到室外，机械地加满油箱，取过钞票，从我自己的皮夹里掏钱找给对方。我回到办公室，这才注意到自己连鞋子都没穿。我笑了起来，笑声变得歇斯底里，然后安静下来。我坐回沙发上，坐在那张如今已破破烂烂的墨西哥毛毯上，失了神。我环顾房间，看着那块年久褪色的黄地毯，看着那张胡桃木书桌和饮水机。我看到那两只马克杯，苏格拉底的和我的，它们仍静静立在桌上。最后，我看着他那把空空的椅子。

这时我开口对他讲话。不管这顽皮的老勇士身在何方，我都有最后的几句话要对他说："好吧，苏格拉底，在过去和未来之间，我又来了，飘浮在天地之间。我该说什么，才足以表达我的意思呢？谢谢你，我的师父，我的灵感，我的朋友，我会怀念你的，再会。"

我最后一次离开加油站，满心奇妙的感觉。我知道我并没有失去他，并不是真的失去他。我花了许多年才看出再明白不过的事，那就是，我和苏格拉底从来就没有什么不同，这么多年来，我们一直是一体，始终是相同的。

我走过林木夹道的校园小径，越过小溪，穿过阴凉的小树林，走进城市，继续前行，走在那条道路上，步上回家的路。

尾声

风中的笑声

我已通过那扇大门，看过该看到的一切，在高山上体会到我真实的本性。然而，如同那位肩负重任、继续上路的老人，我知道，一切都已改变，一切也都没有改变。

我仍然过着普通人的生活，履行普通人的责任。我必须自我调整，才能在这世上过有益的生活，这个世界并不喜欢对追寻以及问题都不再有兴趣的人。我知道了，一个莫名其妙就感到快乐的人，足可令世人不快！有很多次，我开始了解，且羡慕安居在偏远洞穴中的僧侣。但是我已去过我的洞穴，我“受”的时光已经告终，现在该是“施”的时候了。

我从帕罗奥托搬到旧金山，当起了油漆匠。安顿下来以后，我着手进行未完成的事务。自离开欧柏林以来，我一直没和乔伊斯联络，我找到她在新泽西州的电话号码，打了过去。

“丹，好令人惊喜呀，你好吗？”

“乔伊斯，我很好。我近来经历了很多事情。”

电话另一端沉吟半晌：“呃，你女儿，还有你太太，都好吗？”

“琳达和郝丽都很好，琳达和我离婚有一阵子了。”

“丹……”电话另一端又沉吟一会儿，“你为什么打电话来？”

我深吸一口气：“乔伊斯，我希望你来加州，跟我一起生活。我对你，对于我们，没有一丝的怀疑，我这儿有充足的空间……”

“丹，”乔伊斯笑着说，“你的速度对我来说太快了！你建议什么时候开始做小小的调整呢？”

“现在就开始，或者尽快开始。乔伊斯，我有好多好多事想告诉你，我从来没把这些事跟别人讲，这心事我已隐瞒了许久，你一决定好，就打电话给我好吗？”

“丹，你确定吗？”

“是的，相信我，我每天晚上这个时候都会在这儿等你的电话。”

两个星期后的一天晚上，我接到她的电话。

“乔伊斯！”

“我现在在机场。”

“你要离开了？你要来了？”

“是旧金山机场，我到了。”

我一时反应不过来：“旧金山机场？”

“对呀！”她笑着，“市区南边的小机场。你来接我？还是我车过去？”

接下来的日子，我们一有空就厮守在一起。我不再当油漆匠，我在旧金山一间体操教室任教。我把我的生活经历和有关苏格拉底的一切，通通告诉了乔伊斯，内容大致就像我在本书中所写的。她听得很专心。

“丹，你知道吗？你跟我讲起那个人时，我有种怪怪的感觉，好像我认识他似的。”

“嗯，一切都是可能的。”我微笑着说。

“不是这样的，我真的好像认识他！丹，有件事我一直没有告诉你，我要念高中以前曾经离家出走。”

“嗯，”我回答，“是不大寻常，不过不是很怪异。”

“怪异的地方在于，我对从离家出走到就读欧柏林之间的那几年，记忆是一片空白的。还不只这样，在欧柏林的时候，你来以前，我记得做过一些梦，那是些非常奇怪的梦，梦境和跟你长得很像的一个人有关，还跟一个白发的男人有关！”她明亮的双眼睁得大大的，噙满泪水，“我的父母总是叫我的小名。”我揽着她的肩，望进她的眸子。紧接着的那一刻，仿佛电击一般，我们记忆中的一隅敞开了，她说：“我的小名叫乔伊。”

我们在加州山区，在朋友的祝福下结婚。我多么希望能和一个人分享那一刻，那个人为我们俩开启了这一切。我想起他以前给我的那张名片，我真的需要他时可以使用。我想，该是时候了。

我越过道路，走到一个小土丘，俯瞰着树林和连绵起伏的丘陵。那儿有一个园子，里面只有一棵榆树，几乎被隐没在葡萄树丛中。我掏出皮夹，找到夹在其他证件当中的名片，它起皱了，依然闪闪发光。

勇士企业

主管：苏格拉底

专长：诡论、幽默和改变

限紧急情况！

我双手捧着名片，轻声说：“好，苏格拉底，你这个老法师，变个把戏吧。请来看我们，苏格拉底！”我等了一会儿，又试了一次，什么都没发生，风呼呼吹了一阵子，仅此而已。

我好失望。我暗暗希望他回来一趟，他却没回来，此刻没来，永远也不会来了。我垂头丧气，看着地上，“别了，苏格拉底，别了，吾友。”

我打开皮夹，把名片放回去，再次盯着那始终未消退的亮光。这时名片起了变化，原本是“限紧急情况！”的地方，现在变成两个字，比其他的字都明亮。那两字就是“快乐”，这是他的贺礼。

刹那间，一阵熏风轻拂过我的脸庞，吹乱我的头发，一片落叶从榆树飘下，划过我的脸颊。

我头向后一仰，欣然而笑，透过榆树四面八方伸展的枝丫，看着云朵懒洋洋飘过。我凝视石墙上方，远眺散落在青翠林间的房屋。一阵风又吹起，一只孤鸟飞过。

这时，我感觉到其中的真理，苏格拉底没有回来，因为他从来不曾离去。他不过是改变了，他是我头上的榆树，是云朵，是鸟，是风。它们将永远是吾师、吾友。

我将回到我的妻子和朋友身边，回到我的家和我的未来，在回去以前，我环顾周遭的世界。苏格拉底到过这里，他无所不在。

·后记·

和平勇士之道

从 1966 年 12 月开始，一连串非比寻常的事陆续在我的生命中发生，当时我是加州大学伯克利分校三年级的学生。一切始于某日凌晨 3 :20，在一个 24 小时营业的加油站里，我首次与苏格拉底相遇。他并未自动报上真实姓名，不过在和他相处一晚以后，我心血来潮地用这个“苏格拉底”古希腊圣哲之名称呼他，他欣然同意，此后这就变成了我们的默契。这一次的偶遇以及接下来的历险，改变了我的一生。

1966 年之前，我一直被幸运之神眷顾，在安稳的环境中由爱护我的双亲抚养长大，后来在伦敦的世界蹦床锦标赛中拿到冠军，周游欧洲各国，得奖无数。这段生命历程为我带来受之无愧的赞赏，却没有为我的内心注入永恒的宁静与满足。

如今我认识到，就某方面来说，我在那些年中一直都沉睡着，只不过梦见自己是醒的，直到遇见待我亦师亦友的苏格拉底为止。在那之前，我总以为，我理当拥有一个洋溢着欢乐和智慧的优质生活，这就像已经注定好的命运。我从未料想到，有朝一日我得学习如何生活——我必须遵守某些特定的戒律清规，掌握某种看待世界的方式，方能清醒地过着单纯、快乐、不复杂的生活。

苏格拉底把我的生活方式和他的生活方式——也就是和平勇士之道——

相互对照了一番，让我看出我错在哪里。他不断取笑我过着严肃、忧心忡忡、问题重重的生活，直到我终于明白他那睿智、慈悲且幽默的教导。他循循善诱，非要让我明白何谓勇士般生活的真义。

我常常彻夜坐在他身旁，直到天亮。听他说话，和他争论，并忍俊不禁和他一同大笑。本书根据我所经历的这一切写成，但无可否认，它同时也是一本小说。苏格拉底这个人确实存在，但是他与这世界融为一体，因此有时很难区分哪些部分是他的亲身经历与教诲，又有哪些是取材自其他老师和生活经验。至于对话部分则由我虚拟自撰，在时间顺序这方面，偶尔也未恪守实际状况，此外我还添加了轶事和隐喻，以便凸显出苏格拉底希望我代为传达的那些教诲。

生命并非私人事务，唯有通过与他人分享故事和故事的教训，才具有意义。因而我选择与你分享吾师那极富洞察力的智慧和幽默，借此向他致敬。

致谢

我一生受到许多师长先贤的指点护佑，他们以各自的方式促成我完成本书。尤其是我的父母，他们爱我、信任我，为我牺牲；还有我的出版人霍尔·克拉玛，他相信自己的心灵之眼和敏锐的出版直觉，冒险出版本书。我也非常感谢联合出版人琳达·克拉玛（Linda Kramer），感谢她全心的支持和她的热情、正直。我还要感谢马克·艾伦（Marc Allen）、贾森·加德纳（Jason Gardner）和“新世界文库”（New World Library）的工作成员，他们在出版领域的睿智见解，使这本书一开始便气势鲜活，至今已二十余年。

“美国西部出版商集团”（Publishers Group West）从创建之初，其员工便为作者、出版人和大众架起了联结的桥梁，他们卓越的工作表现常常不为人知，可是对许多作者来说，他们的努力却是关键所在，我真的十分感谢他们。我也要谢谢我的两位经纪人迈克尔·拉森和伊丽莎白·波玛达。

最后，但永远是最重要的，我要对乔伊献上我永恒的爱和感激，她不但是我的妻子、伴侣、朋友、老师、最严格的编辑和最忠诚的支持者，更是我这一生蒙受的最大恩典，是我灵魂的守护天使。

当然，还有苏格拉底。

未来，属于终身学习者

我这辈子遇到的聪明人（来自各行各业的聪明人）没有不每天阅读的——没有，一个都没有。巴菲特读书之多，我读书之多，可能会让你感到吃惊。孩子们都笑话我。他们觉得我是一本长了两条腿的书。

——查理·芒格

互联网改变了信息连接的方式；指数型技术在迅速颠覆着现有的商业世界；人工智能已经开始抢占人类的工作岗位……

未来，到底需要什么样的人才？

改变命运唯一的策略是你要变成终身学习者。未来世界将不再需要单一的技能型人才，而是需要具备完善的知识结构、极强逻辑思考力和高感知力的复合型人才。优秀的人往往通过阅读建立足够强大的抽象思维能力，获得异于众人的思考和整合能力。未来，将属于终身学习者！而阅读必定和终身学习形影不离。

很多人读书，追求的是干货，寻求的是立刻行之有效的解决方案。其实这是一种留在舒适区的阅读方法。在这个充满不确定性的年代，答案不会简单地出现在书里，因为生活根本就没有标准确切的答案，你也不能期望过去的经验能解决未来的问题。

湛庐阅读APP：与最聪明的人共同进化

有人常常把成本支出的焦点放在书价上，把读完一本书当作阅读的终结。其实不然。

时间是读者付出的最大阅读成本
怎么读是读者面临的最大阅读障碍
“读书破万卷”不仅仅在“万”，更重要的是在“破”！

现在，我们构建了全新的“湛庐阅读”APP。它将成为你“破万卷”的新居所。在这里：

- 不用考虑读什么，你可以便捷找到纸书、有声书和各种声音产品；
- 你可以学会怎么读，你将发现集泛读、通读、精读于一体的阅读解决方案；
- 你会与作者、译者、专家、推荐人和阅读教练相遇，他们是优质思想的发源地；
- 你会与优秀的读者和终身学习者为伍，他们对阅读和学习有着持久的热情和源源不绝的内驱力。

从单一到复合，从知道到精通，从理解到创造，湛庐希望建立一个“与最聪明的人共同进化”的社区，成为人类先进思想交汇的聚集地，与你共同迎接未来。

与此同时，我们希望能够重新定义你的学习场景，让你随时随地收获有内容、有价值的思想，通过阅读实现终身学习。这是我们的使命和价值。

湛庐阅读APP玩转指南

湛庐阅读APP结构图：

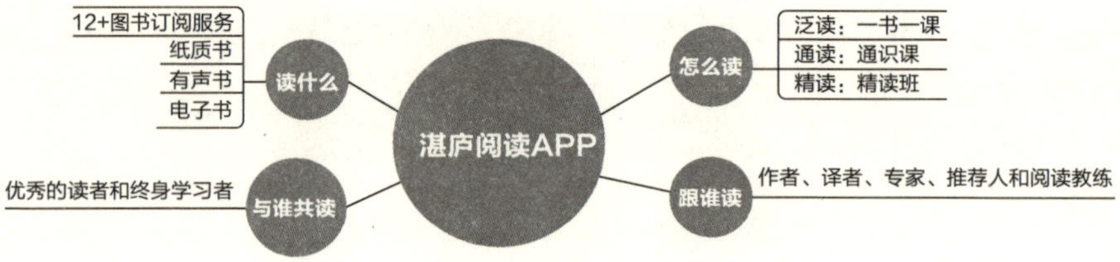

三步玩转湛庐阅读APP：

读一读 ▼

湛庐纸书一站买，
全年好书打包订

听一听 ▼

泛读、通读、精读，
选取适合你的阅读方式

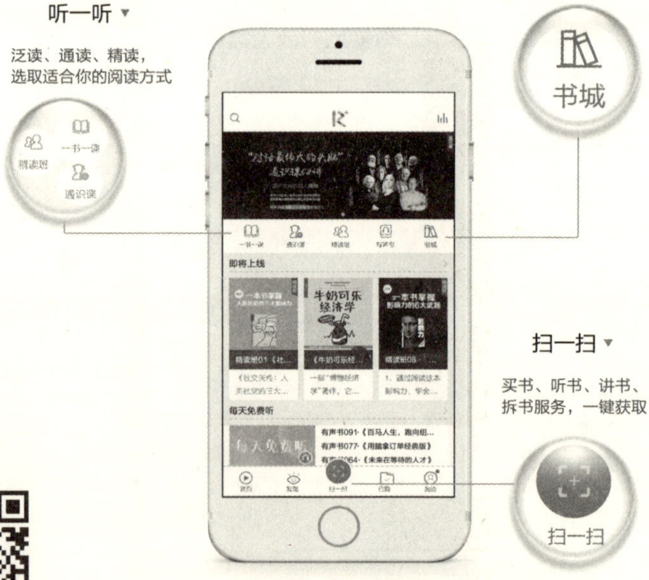

扫一扫 ▼

买书、听书、讲书、
拆书服务，一键获取

APP获取方式：

安卓用户前往各大应用市场、苹果用户前往APP Store
直接下载“湛庐阅读”APP，与最聪明的人共同进化！

使用APP扫一扫功能，
遇见书里书外更大的世界！

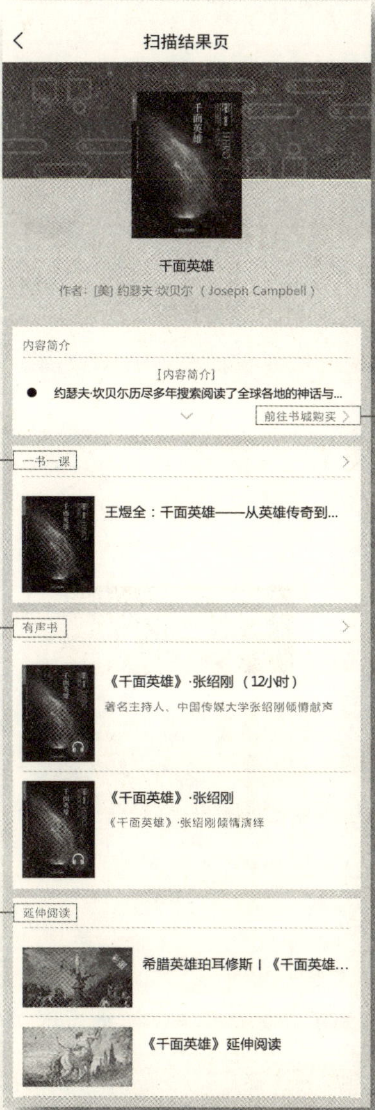

快速了解本书内容，
湛庐千册图书一键购买！

大咖优质课、
献声朗读全本一键了解，
为你读书、讲书、拆书！

你想知道的彩蛋
和本书更多知识、资讯，
尽在延伸阅读！

湛庐CHEERS

延伸阅读

《象与骑象人》

◎ 积极心理学对“心理救助与重建”的卓越贡献。

◎ 当今国际奖金最高奖“坦普尔顿奖”获得者的权威、震撼之作。

◎ 探讨生命本源的“心理”哲学，你一生中最值得回味的书。

使用“湛庐阅读”APP，
“扫一扫”获取本书更多精彩内容
ISBN 978-7-213-05014-5

《持续的幸福》

◎“积极心理学之父”马丁·塞利格曼最新力作。

◎“塞利格曼幸福课”又增一课，再造积极心理学领域的经典。

◎ 任志强、杨澜、林正刚、彭凯平、苏德中等众多知名人士倾情推荐。

使用“湛庐阅读”APP，
“扫一扫”获取本书更多精彩内容
ISBN 978-7-213-05127-2

《专念》

◎ 积极心理学奠基人之一、哈佛大学著名心理学家兰格成名作。

◎ 被《影响力》《追求卓越》《全新思维》等畅销书转载传颂。

◎ 被权威书评媒体《书目》杂志誉为“划时代的巨作”。

使用“湛庐阅读”APP，
“扫一扫”获取本书更多精彩内容
ISBN 978-7-213-04737-4

《生命尽头，谁将为你哭泣》

◎ 世界顶级私人心灵顾问罗宾·夏玛暖心之作。

◎ 你在有生之年能感动多少人？到了生命的尽头，谁将为你哭泣？

◎ 聚集夏玛思想和智慧精华的宝藏，指引你获得精神世界的富足。

使用“湛庐阅读”APP，
“扫一扫”获取本书更多精彩内容
ISBN 978-7-213-05160-9

Dan Millman. Way of the Peaceful Warrior: a book that changes lives.
Copyright © 1980, 1984 by Dan Millman
New Revised Edition Copyright © 2000 by Dan Millman
Originally published by H J Kramer Inc. USA
Chinese (Simplified Characters only) Trade Paperback Copyright © 2013 by Cheers Publishing Company.
This edition arranged with H J Kramer Inc. USA through Big Apple Agency Inc.
All rights reserved.

本书中文简体字版由 H J Kramer Inc. USA 通过 Big Apple Agency Inc. 授权在中华人民共和国境内独家出版发行。未经出版者书面许可，不得以任何方式抄袭、复制或节录本书中的任何部分。

版权所有，侵权必究。

中文译稿经由心灵工坊文化事业股份有限公司授权使用，在中国大陆地区独家出版发行。

图书在版编目（CIP）数据

深夜加油站遇见苏格拉底：和平勇士之道（珍藏版）/（美）米尔曼著；韩良忆译．—杭州：浙江人民出版社，2013.4

ISBN 978-7-213-05406-8

Ⅰ.①深…　Ⅱ.①米…②韩…　Ⅲ.①自传体小说—美国—现代　Ⅳ.①I712.45

中国版本图书馆CIP数据核字（2013）第042539号

浙江省版权局
著作权合同登记章
图字:11-2013-1 号

上架指导：成长励志 / 心灵自助

版权所有，侵权必究

本书法律顾问　北京诚英律师事务所　吴京菁律师
　　　　　　　北京市证信律师事务所　李云翔律师

深夜加油站遇见苏格拉底：和平勇士之道（珍藏版）

作　　者：[美] 丹・米尔曼　著
译　　者：韩良忆　译
出版发行：浙江人民出版社（杭州体育场路347号　邮编　310006）
　　　　　市场部电话：（0571）85061682　85176516
集团网址：浙江出版联合集团　http://www.zjcb.com
责任编辑：金　纪
责任校对：张谷年
印　　刷：石家庄继文印刷有限公司
开　　本：720 mm × 965 mm　1/16　　印　　张：14.5
字　　数：19.7 万　　插　　页：2
版　　次：2013 年 4 月第 1 版　　印　　次：2019 年 8 月第 17 次印刷
书　　号：ISBN 978-7-213-05406-8
定　　价：42.90 元

如发现印装质量问题，影响阅读，请与市场部联系调换。